曾应枫　刘小玲　主编

胡荣锦　著

岭南故事书系

至叻

岭南先贤

SPM 南方出版传媒

全国优秀出版社　全国百佳图书出版单位　广东教育出版社

广州

图书在版编目（CIP）数据

你至叻：岭南先贤 / 胡荣锦著. — 广州：广东教育出版社，2021.1
（岭南故事书系 / 曾应枫，刘小玲主编）
ISBN 978-7-5548-2828-1

Ⅰ. ①你… Ⅱ. ①胡… Ⅲ. ①历史人物 — 生平事迹 — 广东 Ⅳ. ①K820.865

中国版本图书馆CIP数据核字（2019）第099232号

责任编辑：王　亮　江丽茹
责任技编：吴华莲
装帧设计：邓君豪

NI ZHI LE——LINGNAN XIANXIAN
你至叻——岭南先贤

广 东 教 育 出 版 社 出 版
（广州市环市东路472号12—15楼）
邮政编码：510075
网址：http://www.gjs.cn
广东新华发行集团股份有限公司经销
佛山市华禹彩印有限公司印刷
（佛山市南海区罗村联和工业西二区三路1号之一）
890毫米×1240毫米　32开本　6.25印张　125 000字
2021年1月第1版　2021年1月第1次印刷
ISBN 978-7-5548-2828-1
定价：43.80元

质量监督电话：020-87613102　邮箱：gjs-quality@nfcb.com.cn
购书咨询电话：020-87615809

引以为傲的岭南先贤

胡荣锦

远古时，岭南是一方遥远的土地。

屈原《离骚》云："朝发轫于苍梧"；庄子《逍遥游》谓"南溟者，天池也"。

"苍梧"与"南溟"，也许指的就是中原人眼中遥不可及的岭南。

关山迢递，江河阻隔，也无碍赵佗的铁骑南来。

由是，中原文化滚滚南下：

赵佗带来了中原的农业文明；

葛洪带来了医学和炼丹术；

韩愈带来了兴办教育的雄心；

苏东坡带来了书法、诗词……

三江汇聚，五岭开通，舟车络绎，接华夏之文明。

初始，岭南文化蹀躞于中原文化，及至明清，风气丕变。

岭南人靠海吃海，他们视野开阔，巨舶艨艟，驾海洋之长风。

"中国留学生之父"容闳开创了中国留学文化的先河；

"中国铁路之父"詹天佑为华夏的铁路文化争光；

"中国航空之父"冯如让中国的飞天梦想成真……

至如南海"狂生"康有为、"国士无双"梁启超等一众志士仁人，倾尽心力，为政治腐败、国难深重、外侮频仍的中国带来了革命风潮。

岭南文化的北上，惊世骇俗，国所倚重。

岭南人原本就是人中的精英，有创造，会发明。在陆而为琼，为苗，为越；在水而为蜑，战天斗地，以辟鸿蒙。中原文化的南下与岭南文化的北上，相映成趣而别出新章。这种大交汇，产生了众多敢于开一代风气的岭南先贤。

岭南先贤，特色显著。

重气节：有识大体维护国家统一的"巾帼英雄"冼夫人，有誓死不附逆的"热血和尚"屈大均和"顶硬上"的战神袁崇焕等。

重学问：岭南最早的学者杨孚为中国文化史留下第一部地区性的物产专著；而智慧超凡的六祖惠能，则传承了佛门的重要流派。

不求闻达：高尚不仕的陈白沙为明代醇儒，他不喜欢做官，却勤奋好学，在理学的研究上取得了不少的成果，创立了哲学领域的"岭南学派"。

富创造性：黄飞鸿创造性地将在广东流行的少林拳整理成罗汉袍、无影脚、铁线拳、工字伏虎拳等武术绝技。在与欺侮中国人的洋人搏斗中，黄飞鸿打出了中国人的威风，打造出"佛山黄师傅"的醒目招牌，成为岭南一代武术宗师。

重视发展个性：初与古人合，次与古人离，岭南先贤们与中原的恪守师法者迥然不同。他们矫然独出，自成一格，移风易俗，无不自鸣天籁，富有创造精神。

在写作《你至叻——岭南先贤》一书时，笔者深为先贤们的事迹所感召。他们傲霜凌雪的品格、务实求真的精神，都值得我们咀味、学习。

限于篇幅，这本小书未能尽纳先贤，沧海遗珠，引以为憾。

是为序。

目录

南越先声

五岭文章

岭海强音

岭南位于中国的南部，古代为百越（粤）之地，故简称"粤"，距今约15万年至13万年间就有"封开人"和"马坝人"在粤地生息。

　　古代岭南远离中原，发展水平相对落后，被称为"南蛮"之地。"岭南始祖"赵佗在经营南越国时，建立了城市，推广使用文字以及革新农耕文化等，为岭南带来先进文明。

　　岭南是历代皇帝流放囚犯之地，那些流放来的罪臣、囚犯们在这里开发和生活，他们把从中原学到的先进文化带到了岭南，促进了这里的经济文化发展。

南越先声

赵佗："岭南始祖"

两千多年前，岭南有了人类文明的标志——都城和文字，并发展冶铁业，社会经济发展进入了新的历史时期。开发岭南文明的第一人，就是被称为"岭南始祖"的赵佗。

平定岭南

公元前219年，秦始皇派屠睢做主将，赵佗做副将，率领五十万大军进军岭南。可不久，坏消息就传来了：屠睢因为滥杀无辜，激起了岭南人民的坚决反抗，在一次战斗中，他竟然被当地人杀死了！

秦始皇勃然大怒，说："和秦国对抗的六国我都能征服，就不信一块小小的岭南蛮荒之地摆不平它！"

秦始皇重新任命任嚣为主将，继续让赵佗做副将，发誓要征服岭南。他对赵佗说："你去过岭南征战，我很信任你，希望你总结上次失利的教训，为我完成统一大业！"

一脸刚毅的赵佗猛地一点头："领命！"

赵佗是真定（今河北省石家庄市正定县）人，从小就加入了秦军，19岁时，他获秦王赐赠护驾御剑，曾经跟随秦始皇出巡征战，是秦始皇非常信任的将领。

作为任嚣的副将，赵佗英勇善战，他带领大军经过四年奋战，终于在公元前214年完成了平定岭南的大业。

为了巩固胜利成果，秦始皇让这些秦军兵将就地留守边疆。

↪ 赵佗（？—前137），秦朝著名将领、南越国的创建者

接着，秦始皇在岭南设立了南海郡、桂林郡、象郡三个郡，任命任嚣做南海郡尉。南海郡下面又设有博罗、龙川、番禺、揭阳四个县。

龙川城（今龙川县佗城镇）地处江西省进入岭南东部的交通要道，地理位置非常重要，任嚣便派自己最信任的赵佗做龙川县令，前去镇守。

赵佗到龙川上任时，天下的战火已经熄灭，人民都希望过上安稳的生活。"怎样才能让我们这些从中原来的人和本土人和平共处呢？"这是赵佗日夜思考的问题。

赵佗发现，经过连年的战争，当地的人口已经大大减少。人口不多，生产力就不强，这不利于经济的发展。于是，赵佗给秦始皇上书，请求从中原迁移五十万居民到岭南，"这样做，一来可以让两地的人民通婚，促进不同民族的融合；二来可以让军队和人民都得到休养生息"。秦始皇同意了他的建议，陆续向南方迁移人口。

赵佗在任龙川县令的六年里，为当地的人民办了不少实事，如掘井筑城，设衙修路；传播先进的中原文化和文明；推广先进的生产和农耕技术；改善当地人居住的条件；起用南越人做官；维护了良好的治安等。

南越称王

秦始皇去世后，秦二世继位，由于他施行暴政，终于激发了公元前209年的陈胜、吴广起义，接着就是刘邦和项羽的"楚汉相争"，中原又陷入了一片混乱状态。

公元前208年，南海郡尉任嚣病重，他在临死之前把赵佗召来，对他说："现在中原大乱，各路人马都起来造反，不知天下会落在谁的手里。南海这地方虽然偏远，但我害怕中原军队会闹到我们这里来，所以我想派兵断绝与中原的交通。我们这里靠山面海，有险可据，加上东西有数千里之大，又有很多中原人士相助，要是管理好了，可以成为一方之主，甚至可以利用有利的地形来建立一个国家。我看你是个人才，想把这个地方交给你继续管理。"

任嚣当即向赵佗颁布了任命文书，让赵佗代他行使南海郡尉的职责。

不久，任嚣病逝。赵佗向粤北各个关口的军队传达了据险防守的指令，防止中原起义军队进犯，并杀掉了忠于秦朝的官吏，换上自己的亲信。

秦朝灭亡之后，公元前203年，赵佗起兵兼并了桂林郡和象郡，在岭南地区建立南越国，自称"南越武王"。

这时南越国的疆土已经包括今天的广东、广西的大部分地区，以及福建、湖南、贵州、云南的一部分和越南北部的广大地区。赵佗把南越国的国都定在番禺，也就是今天的广州。

"如何对南越国的广大地域实行有效控制和实际统治？"这是摆在赵佗面前的重大问题。

有一年春天，赵佗带军队在都城的郊外巡视，在一块农地上，他看见一个农民正在劳作。只见那个农民用一把刀往地上插一个小洞，然后抽出刀，往小洞里丢下一颗稻谷的种子。

赵佗在中原的农村见过农民耕田，他们是用牛拉铜犁翻地，然后再插入稻秧。

赵佗走过去，和那个农民聊了起来。那个农民听了赵佗介绍用牛拉铜犁耕地的事，呵呵地笑了起来："我没想过可以这样种地的，这样有什么好处呢？"

赵佗旁边的一位将领以前也是农民，他解释说："你用刀插洞，土翻得太浅了。用犁翻土能将泥土弄得疏松、细碎，有利于稻谷的生长，这叫作深耕细作。"

"可我们哪有铜犁啊？"农民直率地说。

赵佗笑了笑，他拿起一根箭，指着那个青铜造的箭头说："我们发明了最新的青铜冶炼技术，我们的箭能射穿别国士兵的防护甲，所以，用我们先进的冶炼青铜技术，造翻田的铜犁没问题！"

赵佗吩咐制造兵器的士兵去做铜犁，然后教农民使用。春种秋收，用铜犁耕作过的农田收获喜人。赵佗大喜，让人到处推广铜犁耕作方式。

这件事对聪明的赵佗有所启发，他认识到，要教会当地人学习中原先进的生产技术，这里的经济才能更好地发展。他决定推行新政：在政治上，实行郡国并行制，即郡县制和分封制并行，并实施中央官制和地方官制，确保政治上的有效控制和实际统治。

赵佗归汉

经过多年征战，刘邦建立了西汉政权。

公元前196年，汉高祖刘邦派遣大夫陆贾出使南越国，劝赵佗归顺汉朝。

陆贾是一个很会说话的人，他对赵佗说："我们用五年的时间就打败了项羽，现在我们不出兵攻打南越国，只是不希望让百姓再受战争之苦，所以我来跟你商谈——你们不用纳税，我们也不派驻军，让你们自己管理自己，只要名义上南越国成为汉朝的一个附属国就行了。当然，你如不领情，我们随便找一个将军，带领十万士兵就能把你们消灭掉！"

赵佗原本瞧不起这个汉朝派来的大使，但听了他一番软硬兼施的分析后，觉得有理，便说："先生的教诲让我大开眼界。我在边疆待得久了，变得没什么礼貌，请先生原谅！"

赵佗也不想南越国成为汉朝在南边的敌对势力，于是接受了汉朝封给自己的"南越王"称号，表示愿意臣服汉朝，继续管治岭南地区。

到了吕后时期，有小人向她说了些"赵佗会谋反"的谗言，吕后便禁止向南越国出售铁器和其他物品。赵佗几次派使臣来请求解禁，但他的使臣都被汉朝扣留了。赵佗大怒，于是宣布脱离汉朝，自称"南越武帝"。

吕后随即派遣军队前去攻打赵佗，但由于中原的士兵不适应南越一带炎热和潮湿的气候，纷纷得病，连南岭都没有越过。一年后，吕后死去，汉朝的军队就停止了进攻。

这时的赵佗凭借着他的军队在南越一带扬威，许多部族纷纷归属南越，南越国的领地范围也扩张至顶峰。赵佗开始以皇帝的身份发号施令，与汉朝对立起来。

公元前179年，汉文帝刘恒即位。他派人重修了赵佗的先人在河北的墓地，设置守墓人，每年按时祭祀，并给赵佗的堂兄弟们赏赐了官职和财物。后来，汉文帝在丞相陈平的推荐下，任命汉高祖时曾多次出使南越的陆贾为太中大夫，让他再次出使南越，去说服赵佗归汉。

陆贾到南越后，向赵佗出示了汉文帝写给他的信，并晓以利害，希望赵佗能顾及国家统一的大局。赵佗被汉文帝的诚意感动了，他再次被陆贾说服，决定除去帝号，归顺汉朝，但仍然保留"南越王"的称号。一直到汉景帝时代，赵佗都向汉朝称臣，每年在春秋两季派人到长安朝见汉朝皇帝，像诸侯王一样接受汉朝皇帝的命令。但是在南越国内，赵佗仍然用着"皇帝"的名号。

公元前137年，南越王赵佗去世，享年约一百岁，葬在番禺。他的后代继续做了四代南越王，一直到公元前111年，南越国才被汉朝消灭。

西汉南越王墓

位于广州解放北路象岗山，是西汉早期建都番禺（今广州）的南越国第二代王，秦统一岭南的将领赵佗之孙，自称文帝的赵眜的陵墓，距今已有2100多年的历史。该墓于1983年6月被发现，挖掘完毕后即在原地建立西汉南越王博物馆，是全国重点文物保护单位。

葛洪：神奇的炼丹家

在1600多年前，一位道士来到广东的罗浮山，修建了东、南、西、北"四庵"，修行炼丹、著书立说、授徒讲学，开创了岭南道教流派，这位有"神奇的炼丹家"之称的人叫作葛洪。

卖柴换纸

一天，江苏句容的街市上来了一个卖柴的少年，才13岁，叫葛洪。

葛洪放下背上的一大捆木柴，用手抹去额头上的汗水，便急忙亮开嗓门叫卖了："卖木柴啦！好靓的木柴啊！又便宜又抵买啦……"

旁边的一个同行笑着对他说："小孩，你真傻！现在时候还早，等一等，看能不能遇到舍得花钱的买主，好卖个好价钱啊！你这么快就想把木柴卖掉，赶时间吗？"

葛洪有点不好意思地用手抓抓头发，说："是的，我想早点把木柴卖掉，有了钱，我就能去买纸抄书了……"

葛洪（约281—341），字稚川，号抱朴子，晋丹阳句容（今属江苏）人。东晋道教学者、炼丹家、医药学家

那些卖柴的同行纷纷另找地方摆卖，因为怕他做坏市道，将木柴卖得太贱了。

因为卖得便宜，葛洪很快就将木柴脱手了。他揣着那些用木柴换来的钱，跑去纸店买纸。

葛洪的父亲葛悌曾在三国时期的吴国做过官，吴国灭亡之后做了西晋昭陵太守。葛洪13岁的时候，葛悌去世了，葛家开始走向衰落。葛洪从小就喜欢读书，但这时因家里贫困，没钱买书，他便决定白天上山砍柴，然后用卖柴的钱买纸，去借别人的书来抄写。晚上，他点亮柴火诵读诗书。

勤奋好学的葛洪对儒家的学问有着高超的见解，有些长辈说他将来一定能做大官。可葛洪说："我没有做官的兴趣，再说做官要管理很多俗务，很难实现我的政治抱负。"

"那你想做什么？"长辈们都觉得很奇怪，问葛洪。

"我啊，就想行吟在山水之间，修身养性，然后将自己对人生的见解写成书籍流传后世！"葛洪认真地回答。

学习"神仙"之术

后来，不喜欢做官的葛洪为了生计，还是硬着头皮做了几年官。但他真的很讨厌官场生活，在20岁那年逃离了官场，到处游山玩水。有一年，葛洪到了庐江（今安徽省合肥市附近）的马迹山，遇到了当时著名的方士（即"道士"）郑隐，开始跟随郑隐学习神仙之术以及医疗技术。从那时起，原本是儒生的葛洪开始转变成一名道士。

24岁那年，葛洪南下广州，结识了南海太守鲍靓。

鲍靓也是个修道的人，有着仙风道骨的气质，被人们称为"神仙太守"。他在广州越秀山的南麓建了一座越冈院（明朝以后改称"三元宫"），并在院内宣讲道教教义与炼丹术。他又精通医学，经常替人治病。

鲍靓在越冈院见到前来拜访自己的葛洪。只见眼前这位年轻人乌眉黑须，衣袖带风，飘然有出尘之风度。他一下子就喜欢上这个年轻人了。

鲍靓是一位非常著名的炼丹家兼医学家，葛洪从郑隐那里学来的炼丹术始终没有实验的机会，现在机会来了，他便拜在鲍靓门下，开始从事炼丹的实验。

鲍靓在炼丹这门学问上的确不是等闲之辈，他发现葛洪在这一方面的知识并不在自己之下，只是缺乏经验，将来恐怕只有这位年轻人才有资格继承自己的衣钵。于是他把唯一的女儿鲍姑许配给葛洪为妻，同时将医学方面的知识倾囊传授，使葛洪也成为炼丹家兼医术的行家。

罗浮山炼丹

葛洪33岁时，从广东返回故乡句容。他被当时的丞相司马睿招去当官。葛洪早就看淡名利，不久便辞了官，继续写他的著作和研究炼丹术。

炼丹术是现代化学的原始形式，大约从春秋战国时期开始，中国就有了炼丹术。葛洪在自己的著作《抱朴子》"内篇"中记载了从西汉到东晋以来中国炼丹的早期活动和取得的成就。

"你是个医生，应该早就知道，人有生，就会有死的！再好的医术也不能起死回生！"有朋友质疑葛洪炼丹。

"从古至今，大到秦始皇，小到平民百姓，谁都希望长生不老。这是一种美好的愿望，所以我们道家坚持不懈地去尝试找到一种可以让人长生不老的药。我觉得这是可以尝试的事情！"葛洪坚信丹药是可以炼成的，他把炼制丹药当作是得道的一种法术，而且是升仙的必要条件。

后来葛洪听说交趾（今越南）的山区有丹砂，最适合炼丹用，便再次南下广东。到了广州，他的好朋友都劝他不要到交趾去，因为那里是一个蛮荒之地，可能有生命危险。鲍姑告诉葛洪："我听爸爸说过，广东的罗浮山是一座仙山，很适合炼丹。我爸爸以前也想去那里做炼丹实验的，我跟你一起去好了，听说那里有很多我没见过的生草药呢！"

葛洪觉得鲍姑的话很有吸引力，便决定去罗浮山炼丹。

位于广东省博罗县西北的罗浮山，是道家认定的十大洞天之第七洞天、七十二福地中的第三十四福地，是道家眼中的一座仙山。早在秦汉时期，这座岭南第一名山就已经成为道家喜欢居住的神仙世界，留下了数之不尽的美丽传说。

葛洪来到罗浮山，一下子就喜欢上了这座终年郁郁葱葱的大山。他被山里丰富的植物吸引了，他和鲍姑一道，走遍了罗浮山的大小山头，尝试了无数草药，然后将可用的1200多种草药的形状、功用等等都记录了下来。

终日在罗浮山游历、写作，葛洪活得逍遥自在。但他始终都没有放下自己来罗浮山的初衷——炼丹。

葛洪在罗浮山自己居住的庵旁建了一个炼丹的灶，将采集到的丹砂放进一个大银鼎里面，然后密封好，再在鼎下面堆放木柴燃烧。

"要烧多久才能炼出仙丹来啊？"鲍姑好奇地问。

"传说要炼七七四十九天！谁知道呢，反正用不同的丹砂，用不同的火候，在不同的时间去试试吧！"葛洪执拗地说。

在那时，贵族们为了永远享受骄奢淫逸的生活，都妄想长生不老。有些人就想炼制出"仙丹"来，满足自己的奢欲，于是形成了一种炼丹术：把一些矿物（即"丹砂"）放在密封好的鼎里，用火来烧炼。矿物在高温、高压下就会产生化学变化，生成新的物质。能让人长生不老的"仙丹"是一种幻想，当然是炼不出来的。但是在炼丹

的过程中，人们发现了一些物质变化的规律，这就成了现代化学的先声。

炼丹家葛洪的"仙丹"没有炼成，倒是在炼丹的过程中炼制出一些药物，如有消毒杀菌作用的"密陀僧"（氧化铅），可以用来做防腐剂；"三仙丹"（氧化汞）是制造外用药物的原料……葛洪将自己炼丹的心得都记了下来，后来，这些文字成为世界上最早详细记录氧化物"结晶"这一化学反应的珍贵文献。

葛洪不停地炼丹，他觉得如果把仙丹炼成了，许多人包括他自己就可以延年益寿，甚至长生不老。可惜的是，到他死的时候，仙丹都没能炼成。

葛洪在哪一年去世？历史上有多种说法。葛洪临

🔵 罗浮山，葛洪设庵授徒、采药、治病的地方

死之前曾给广州刺史邓岳写了张条子，说自己要远行外出寻仙……

据说，葛洪在死后面色如生，身体柔软，他的弟子举尸入棺时，觉得他的身体轻如一件衣服，大家都传说他驾着仙鹤飞上天空成仙了。如今罗浮山的葛洪墓是衣冠冢，墓里没有尸骨，仅有葛洪的道袍和鞋帽。

鲍姑医术的传说

传说有一天清早，葛洪的妻子鲍姑打开越冈院的大门，见门口躺着一个昏迷的长者，便立即叫人将他抬入院中救治。经检查，发现长者身上长满毒疮，于是鲍姑用药水为他清洗处理。大约半个月后，长者的毒疮痊愈了，而鲍姑却只字不提费用的问题。一日，长者突然失踪了，鲍姑亦只是一笑置之。当晚，鲍姑得到长者托梦：原来他是太白金星，特意下凡来试探鲍姑为民治病的诚意，见她为医行善，便传授神奇医术给她。从此鲍姑医术大进，施医赠药，深受人民爱戴。

杨孚：岭南最早的学者

东汉末年，一本专门记录岭南奇异物产的专著《南裔异物志》问世了，它的作者就是广东人引以为豪的汉代大学者杨孚。

敢于直言的贤官

东汉章帝建初二年（77），广州下渡村（今广州市海珠区下渡路旁的下渡村）出了一位才子，他姓杨，名孚，因为才识过人，品行贤良，被地方官举荐上京，接受皇帝的考核，后来在京城洛阳担任了议郎一职。

那时候，中国并未进行科举考试，有文才和有孝道的人要想做官，须由各个地方的名流绅士向朝廷举荐。

议郎这个官很不好当，因为要做皇帝的顾问，参与朝政。

"有话直说，假如皇帝不喜欢听，自己有可能被杀头！"杨孚很明白这一点，"但作为一个贤官，如果不敢直言，那还做什么议郎？"

东汉永元元年（89），汉和帝登基。在一次议事会议上，有大臣向他建议："圣上刚登大位，我们应该做一些大振国威的事，这样才能为圣上树立威名。"

汉和帝对这个建议很感兴趣，问："我们应该做什么事才好呢？"

那个大臣就说："汉朝最威风的年代要数武帝的时代，我们打败匈奴，开疆拓土……"

汉和帝一听别人提起自己祖宗的威风史，头脑就发热起来，见许多大臣都随大流赞同这个提议，他就说："好，我们去攻打匈奴！"

汉和帝正准备出兵征伐匈奴，杨孚献上奏章，说："匈奴因害怕汉朝，已经很久没有在边疆惹是生非了。我们应该实行睦邻政策，没必要为立威而无故攻打他们。祖宗为圣上创下了大好基业，而守业最好的方法是推行文明教育，千万不要随便使用武力啊！"

杨孚在朝中不随大流的建议，让汉和帝冷静了下来。"向匈奴无端用兵，确实不是什么好主意啊！"汉和帝一下子就记住了这名力排众议的议郎杨孚。

杨孚觉得汉和帝是个肯听别人意见的好皇帝，于是，针对当时父母过世后一般人服丧的时间比较短的做法，他又献上奏章，向汉和帝提议"诏中外臣民均行三年通孝"（要求子女为去世的父母守丧三年），并奖励有孝行的臣民，救济孤寡贫老者等。杨孚这些以孝治天下的意见被汉和帝采纳了，成为后来影响中国千余年的固定礼制。

后来，杨孚还猛烈抨击贪官污吏的不法行为和腐败现象，提倡廉政。他的很多建议都被汉和帝采纳，也因此树立了敢言的贤官形象。

广东第一位诗人

有一天，一个官员从岭南回到京城述职，带回了一些中原少见的珍奇物品到处向人夸耀。虽然他介绍岭南的事物并不一定准确，但已经让好奇的人们议论纷纷。

杨孚看在眼里，心中一动。当时中原人民对岭南的情况知道得并不多，杨孚觉得自己作为岭南人，应该多向中原人民介绍岭南的风物。于是，杨孚决定采用可以流传后世的著书方法。

一想到故乡岭南，杨孚的眼前便呈现出了榕树雍容大度的形象，他拿起笔，一一记录榕树的特点。在文章的末尾，他还采用四言体写了一首诗：

榕树栖栖，长与少殊。

高出林表，广荫原丘。

孰知初生，葛藟之俦①。

杨孚在诗中极力赞美榕树，说它初生时不过是像藤一般的纤小，可长大以后却茂盛葱郁，气势不凡。

杨孚还特别提到甘蔗的栽种情况：由于岭南温暖多雨，甘蔗生长得特别茂盛，"围数寸，长丈余""斩而食

---

① 葛藟（gé lěi）：植物名，一种藤。俦（chóu）：类似。

之既甘，榨取汁如饴饧，名之曰糖"……他的这些对"甜蜜"的文字描写，证实了岭南最迟在东汉时期就已经能够制糖。

杨孚把这部著作命名为《南裔异物志》。这是岭南人第一部学术著作，也是我国第一部地区性的物产专著，记录了岭南陆产、水产的种类与岭南植物学、动物学和矿物学的第一手材料。它的学术价值在岭南文化史上占有重要的地位。

"河南"飞雪

在河南洛阳做官做久了，杨孚的思乡之情越来越浓。后来，杨孚辞官归故里。由于他在洛阳时就很喜欢一种叫五针松的松树，于是他在回广州的时候，将两棵五针松一并带回，种在自己的家门前。

🔖 杨孚　具体生卒年月不详，据历史记载，大约生活在东汉末年。广州人。广东最早的博物学家和诗人

古时的广州下渡村，处处是瓜棚菜地、鸟语花香，一片恬静的旷野景象。杨孚就在这宁静的乡下讲学授徒。

由于广州的天气比较潮湿，那两棵五针松长得非常茂盛，到冬天时，已经长得很高了。

广州地处南方，气候暖和，很少见到霜雪的景象，可就在杨孚回到家乡的这年冬天，竟然遇上了异常寒冷的天气。

一天早上，杨孚刚睡醒，有家人跑进他的屋里惊叫："不得了啦，不得了啦！门外的松树上挂满霜雪啦！"

"胡说！"杨孚不相信，"是不是你眼花了？广州又不是洛阳，哪能随便见得到下雪？"

"我真的没眼花！门外的松树真的挂满了白花花的雪啊！"家人急了，连忙带着杨孚出门察看。

杨孚前脚刚迈出家门，突然身上一颤，感到有一股寒意扑面而来。他望着门前那两棵五针松，上面果然挂满了白雪。

杨孚当即微笑了起来，他用手捋着胡须，恍然大悟："是不是洛阳的朋友这时思念我了，特意托白雪挂在这两棵从洛阳移植过来的松树上，唤起我对他们的思念？"

"难道真的是这样吗？"这样的设想当然很美妙，但杨孚并不相信。因为他是一个大学问家，知道草木并不通人性。但松树为什么会挂满白雪，他也百思不得其解。

"杨孚家里的松树挂满了白雪！"这一消息在广州引起了轰动，人们纷纷赶来观看。

🔹 广州市海珠区下渡村中，相传是两千多年前杨孚开凿的古井仍保存完好

因为那时的广州人很少去北方，许多人从来没有见过雪，所以大家围着那两棵松树议论纷纷："杨孚大人真是个贤官，一定是他在北方为官清廉，感动了天地，连洁白的雪花都跟着他回到了故乡。"

因为杨孚曾经在河南省做官，这两棵松树也是从河南移植过来的，所以人们便将他居住的地方叫作"河南"（至今广州市海珠区仍被称作"河南"），而"河南飞雪"的故事，也慢慢流传开来了。

《异物志》

杨孚所著的《异物志》，又名《南裔异物志》，是广东最早记述岭南风俗、物产的一本书，也是我国有关异物志的第一书，后散佚。《异物志》记载了岭南的大量动植物，并以草、木、虫、鱼、鸟、兽来分类列写，体现了我国古老的生物学分类法，与现代生物学的分类已接近。杨孚这一著作对后世影响之大，历代不少重要著作如《齐民要术》《太平御览》等均有引述。

冼夫人："巾帼英雄"

在隋朝，广东有一位女英雄被册封为谯国夫人，皇帝让她自由任命大小官员，可以调动岭南各部族的人马和隋朝驻在岭南的军队，如遇到紧急情况，她还可以先斩后奏……这位女英雄就是"巾帼英雄"冼夫人。

少年英雄冼百合

一天，冼百合在房间休息，忽然，门外传来一阵兵器磕碰的嘡嘡声。她走出房门，看见哥哥正准备牵马外出。

"哥，你要去哪里？"冼百合问。

"邻郡有一头牛过界来我们这边吃草，他们还打伤我们的弟兄，弟兄们来向我投诉。我们冼家的人怎么能忍受别人的欺侮？我这就去帮弟兄们出头！"哥哥脸罩寒霜，一副要讨回公道的样子。

"我都说了你很多次了，怎么还改不了牛脾气！"冼百合恨铁不成钢地说。见哥哥默然不语，她放低嗓子老练地说："今天你打他们，明天他们又来打你，冤冤相报何时了？我们冼家在高州一带称雄多年，现在应该到了解仇息兵，让大家安居乐业的时候了！"

哥哥听了冼百合的话，立刻放下了马缰绳，笑了笑说："妹妹，你说得对！"

岭南冼氏是拥有十几万户的俚族（黎族、壮族先民的分支）首领，雄踞广东省西部山区，主要活动在高州一带。冼百合从小就跟着父亲、哥哥和邻近的部族交战。经历过几次部族之间的械斗，冼百合变得很有男儿气概，后来还得到奇人传授武艺及行兵布阵的战略，她不但能够挽弓执刀与敌人拼杀，而且熟悉各种战术，因此得到同族人的器重和信赖。她的哥哥也很听这位足智多谋的妹妹的话。

在冼百合的多方规谏下，冼氏部族与附近的部族关系渐渐改善，矛盾越来越少了。

智取高州城

冼百合24岁时，嫁给了高凉太守（今广东茂名高州一带）冯宝为妻，这时候她才成为真正的"夫人"。

549年，梁朝的将军侯景叛乱，攻陷了梁朝的都城建康（今江苏南京），把梁武帝围困在台城（宫城）内。高州刺史李迁仕认为这是割据称雄的好机会。于是，他假称自己有病，拖延发兵救援的时间。为了一举成功，他想争取冼夫人的支持，因为冼夫人在俚族人民中威望很高，只

⑤ 冼夫人（约512—约602），高凉（今广东高州）人。杰出的女性农民领袖和军事家

有通过她，才能把当地的俚族人煽动起来，参加叛乱。而要取得冼夫人的支持，就必须让冼夫人的丈夫也参加叛乱。

李迁仕派人来到高凉请冯宝到他那里去，说是有要事商量，其实就是想威逼冯宝一同起兵。冯宝见刺史有请，便准备前去。聪明机智的冼夫人识破了李迁仕的阴谋诡计，立刻加以劝止。她断然对冯宝说："刺史无事找你到他那儿，一定是想要你同他一起造反。"

冯宝有点惊讶，问："你怎么知道呢？"

冼夫人的声音低而清晰，充满了理智："刺史奉命前去援救台城，理当即刻发兵。可是，李迁仕一再拖延时间不去援救；一面又招集人马，并且叫你前去，他谋反的迹象已经很明显了。找你去，一定是想把你关起来作为人质，胁迫我也和他一起造反。"

冼夫人看穿李迁仕召冯宝见面的诡计，最后做出了

"你先不要去，看看情况再做决定"的对策。

冯宝听了冼夫人的话，恍然大悟。李迁仕见冯宝没有上当，没过多久就公开造反了。

李迁仕谋反后，派遣手下的得力大将杜平虏进驻赣石，企图在那里截击梁朝始兴太守陈霸先率领的一支救援台城的队伍。

冼夫人觉得这正是进攻高州消灭李迁仕的好机会，她对冯宝说："杜平虏是李迁仕手下的一员勇将，现在他带兵进驻赣石，同陈霸先相持，一时回不来。李迁仕一个人在高州，势单力薄，我们可以用计消灭他。但是，如果你带兵去，双方必然会发生激烈的战斗，倒不如这样……"

冯宝听了冼夫人的计谋，哈哈大笑了起来。

不久，冼夫人放出风声，说冯宝派人带着丰盛的礼物，要来赎上次召见而未去的罪，而他有病在身，特意派冼夫人代表他前去。李迁仕最想见到的就是冼夫人，所以也很期待她的到来。

这天，李迁仕听说冼夫人亲自来了，随从又都挑着沉甸甸的担子。李迁仕很高兴，让士兵放冼夫人一行进入高州城。

到了刺史府门口，冼夫人突然一声号令，那一千多名随从纷纷扔下担子，抽出预先收藏的兵器，出其不意地发动攻击，一举打败了李迁仕。智取高州城后，冼夫人马上领兵前往赣石，配合陈霸先转战台城，最后平定了侯景的叛乱，解救了梁朝的危机，维护了国家的统一。

岭南"圣母"

557年，陈霸先建立了陈朝。在这段时期，长江流域烽火连天，而岭南地区有赖冼夫人的看守，安然无事。

这时冯宝已去世，陈霸先为感谢冯家以前对自己的帮助，特任命冼夫人只有九岁的儿子冯仆为阳春郡的太守。

不久，广州刺史欧阳纥起兵反对陈朝。欧阳纥将冼夫人的儿子冯仆挟持住，想引诱他一同叛乱。冯仆偷偷派人回家将这件事告诉了冼夫人。

冼夫人大怒，厉声说："我经历了梁朝和陈朝两个朝代，最痛恨不忠的人！虽然儿子被人挟持，但为了国家，我是不会谋反的，就算牺牲儿子也在所不惜！"

🔹 高州冼（夫人）太庙

于是，冼夫人率领军队前去攻打欧阳纥。欧阳纥见势不妙就逃跑了。冯仆因为冼夫人平乱的战功，被陈朝封为信都侯。

冼夫人为了打击豪强，安抚百姓，采取了"治胜于战"的策略，以俚族首领和太守夫人的身份，一方面差人张贴安民告示，要求附近几个州的州郡长官不要参与欧阳纥的叛乱；另一方面派人去劝告那些起兵的首领，让他们停止叛乱，以免生灵涂炭，并许诺免除所有人的罪。同时，她严明军纪，不准军士随便杀人掳掠，违令者斩首示众。这决策一下，立即产生了巨大威力，地方的叛乱也迅速平息了下来。

冼夫人保境安民，被岭南各部族尊称为"圣母"。

冼夫人可以先斩后奏

后来，隋朝出兵南下灭掉陈朝，但在岭南的陈朝守将徐璒并未归附隋朝。隋朝的将领韦洸被徐璒阻挡，未能进入岭南。

隋朝的杨广便命令陈后主写信给冼夫人，劝她归顺隋朝。为了证明陈朝真的灭亡了，又为了证明这封信是真的，杨广还把冼夫人曾经献给陈朝皇帝的扶南犀杖及陈后主的兵符拿给她看。

冼夫人见到信及物件，确信陈朝已经灭亡，便派孙子冯魂迎接韦洸进入岭南。从此岭南地区归属隋朝管辖。

可是过了不久，番禺人王仲宣谋反，岭南有不少部族首领响应。他们包围了岭南首府广州，并派兵进驻衡山，断绝中原和岭南的联系。

冼夫人觉得自己有义务维护国家的统一，便派遣孙子冯暄领兵前去救援隋朝驻扎在广州的将领韦洸。

这时，发生了一件意外：原来冯暄与叛军将领陈佛智是好朋友，他故意迟迟不发兵去解广州的困局。

听到信使来汇报军情，知道自己的孙子冯暄竟然违抗命令，冼夫人一拍桌子，正言厉色地说："马上派人去将冯暄给我捆起来！"

冼夫人将冯暄监禁起来，改派另一名孙子冯盎带兵去讨伐陈佛智。

冯盎击败了陈佛智，并将其斩首。接着他再进兵至广州，与隋军会合，合力打败了王仲宣。

接下来，冼夫人亲自披甲，率领军队保护隋文帝的使节裴矩到广东省各个州县去安抚官民。同时，广东省各地的部族首领纷纷前来参见裴矩，并表示要归顺隋朝。

隋文帝对冼夫人在岭南的贡献大加赞赏，任命冯盎做高州刺史，并赦免冯暄，任命他做罗州刺史。追赠冯宝为广州总管、谯国公，册封冼夫人为"谯国夫人"。

六祖惠能：智慧超凡一僧人

638年二月初八那天，在广东省新兴县，一个姓卢的男孩出生了。这个小男孩就是后来的"六祖惠能"，他是佛教禅门南宗祖师，他开创了佛教的新天地。

砍柴小子诚心向佛

惠能3岁那年，爸爸就死了，他与妈妈相依为命。由于家境清贫，懂事的他便上山砍柴，然后背柴去县城卖，换点小钱过日子。因此，惠能从小就没有机会读书识字。

在24岁那年的一天，惠能又去县城卖柴。"应无所住，而生其心……"路过一间寺院时，他听到一个长者在念经，心中不禁一动。

"老先生，请问您念的是什么经？"惠能诚恳地问。

"是《金刚般若经》。"长者语气沉着地答。

"请问先生是在哪里学佛经的？"

"我是跟湖北黄梅东山寺的五祖弘忍法师学习佛经的。"

"先生，我也想学佛。你能不能介绍我去学习？"

🔵 惠能（638—713），南海新兴（今广东新兴县）人。唐代高僧，中国佛教禅宗六祖

　　长者觉得惠能不像是开玩笑的样子，他沉吟了一下，点了点头。

　　于是，惠能将母亲托请邻居代为照料，然后动身前往湖北。走了一个多月，他来到了湖北黄梅东山寺。当时东山寺的住持是禅宗五祖弘忍法师。

　　弘忍法师端详了惠能一番，说："你是南蛮之人，如何能成佛？"

　　惠能说："人有南北之分，佛性难道也有南北之别？你我形体不同，但我们的佛性并无差别啊！"

　　"嗯！"弘忍法师诧异地看了惠能一眼，他朝下一拱下颏，从容不迫地说："看不出你这个南方小子的慧根倒也不错，好吧，你留下，先到后院踏碓舂米吧！"

唱偈比赛

惠能在东山寺一晃就过了几个月。弘忍法师觉得到了传法的时候了。他将全寺的僧徒都召集到一起："你们将自己所悟到的东西写成偈子。如果谁真正参悟出佛理，我便把衣钵传给他。"

弘忍法师的大弟子神秀听了，回过头来，对众人开颜一笑，说："好的，我们回去写偈啰！"

神秀是一位非常有才华的僧人，弘忍法师原本就打算把衣钵传授给他。但自从惠能到寺后，惠能身上潜藏的慧根深受弘忍法师赏识。弘忍法师希望借这次佛偈比赛，再次考察神秀和惠能领会禅机的能力谁高谁低。

神秀果然有才能，他作出一首佛偈："身是菩提树，心如明镜台。时时勤拂拭，勿使惹尘埃。"

惠能也作了一偈："菩提本无树，明镜亦非台。本来无一物，何处惹尘埃。"

弘忍法师对比了两者的佛偈，心里有了答案："从领会禅机和慧根上看，惠能要比神秀优秀啊！"

秘传"六祖"

第二天，弘忍法师悄悄来到惠能工作的碓房，看见惠能正在舂米，便问："米舂好了没有？"

惠能答道："米舂完了，就差筛米了。"

弘忍法师用手杖在惠能舂米的碓上敲了三下，便离

开了。

"笃笃笃"三下声响一直在惠能的耳里回响。聪明的惠能若有所思:"莫非弘忍法师要约见我?"

三更时分,惠能来到弘忍法师的禅房。弘忍法师一见到他,满眼都是藏不住的喜悦。

弘忍法师为他讲解《金刚经》,见惠能大悟,便解下身上的法衣给了惠能,立他为禅门的第六代祖。

原来,过去达摩从印度西来中国传法,人们都不相信他所说的,所以佛门有传衣钵为信物的传统。

"现在你已经是禅门的六祖,希望你能好自为之,要承先启后,传法度人。"弘忍法师声音低沉,有点发颤,"传授衣钵,历来容易引起事端,你要尽快离开这里,匿藏起来,待时机成熟,再出山传法……"

"多谢祖师指点!"惠能迅速离开了黄梅东山寺,南下广东避难。

"心动"显智慧

多年以后,躲过了神秀追杀的惠能觉得到了自己传法的好时机。676年,他来到了广州的法性寺(今光孝寺)。这天,寺里正好有印宗法师在为众僧讲解《涅槃经》。

忽然,寺中的旗幡在空中飘扬起来,一个僧人就说:"那是风在动!"

另一个僧人却不以为然："不，那是幡在动！"

两人便争执起来。

忽然，有个俗家打扮的人开口说道："不是风在动，也不是幡在动，而是你们的心在动！"说话者正是惠能。

印宗法师诧异地看了惠能一眼，说："这位居士，请到内殿相谈。"

在内殿，印宗法师严肃地说："这位居士，你的见解极有见地，可以请你谈谈佛法吗？"

"好的！"惠能自信地答道，"善根有两种，一种是会变化的，一种是不会变化的。但佛性是超越了变和不变，善和不善的……"他的声音低沉而清晰，充满了

🔷 广州的法性寺（今光孝寺）

智慧。

听了惠能的说法，印宗法师陷入了沉思。忽地，他笑了起来，用恬淡的语调说："我的讲经肤浅得如同瓦砾；而你的解释却宝贵得有如纯正的金子！我听说弘忍法师的衣钵已经传给了住在南方的人，莫非你就是他的传人？"

惠能目光炯炯，他既不害羞，也不害怕，断然地对印宗法师说："你说得不错！我就是弘忍法师的衣钵传人！"

惠能从包袱里拿出了弘忍法师传给他的法衣为证。印宗法师等人一见到弘忍法师的法衣，立即惊喜地跪拜起来，齐声对惠能说："弟子参见六祖！"

印宗法师马上叫人拿来了剃刀，亲自给惠能落发受戒；接着又将惠能请上了蒲座，然后跪下，拜六祖惠能为师。

创立"南宗"

惠能在广州法性寺生活了一年，他觉得在曹溪（在广东省韶关曲江东南双峰山下）建寺传法会更加有利，便带领众僧来到曹溪。在这里，惠能得到许多信徒的支持，建起了宝林寺（今南华寺）。

惠能在曹溪的宝林寺弘扬禅宗，主张"顿悟"，影响了华南佛教各流派，门人都称他的禅法为"南宗"，他在曹溪传法长达37年。

张九龄：书生出身的岭南宰相

"海上生明月，天涯共此时。"

这两句咏月的千古名诗出自《望月怀远》，作者用情致深婉的明月象征自己高洁的情操和对友人的深情。这首诗的作者就是唐代著名诗人张九龄。

神奇的求雨墨砚

张九龄小时候在家乡的大鉴寺里清静的僧舍读书，他常用的墨条有一尺多长，而用来磨墨的石砚则有汤盆那般大。

有一年，韶州大旱，田地干裂，禾苗枯萎，许多人来到大鉴寺求雨。

听着窗外人们求雨的祈祷声，张九龄也不能在书桌前安心读书了。他走出大鉴寺，看着干裂的农田，也觉得无能为力。

就这样过了几天，张九龄闷闷不乐。一天黄昏，张九龄在寺门外望着远山发呆。望了很久，他突然发现远处的

山像冒烟似的出现了一
团云雾，他若有所思起
来。天黑下来后，他也
觉得累了，便靠着寺门
的一根柱子坐下。忽
然，他觉得背后有点发
凉。他仔细看了看柱
子，然后笑了起来。

第二天一早，大鉴
寺又来了许多祈雨的村
民。张九龄拦住一位老
人，问："你们这样能
求到雨吗？"

老人无奈地说：
"礼多神不怪啊，求得
多了，老天爷就会感动的。"

张九龄（678—740），韶州曲江（今广东韶关市）人。唐代开元时期的贤相之一。他性格耿直，但又很有儒雅风度，被当时的人誉为"曲江风度"

张九龄听了，不以为然地说："老天爷哪里靠
得住？"

老人见张九龄说个不停，碍着自己求雨，便不耐烦地
说："有本事你降些雨下来！"

张九龄听了这话，笑道："好啊！我就帮你降些雨
下来！"

"小孩子懂什么啊！快走开！"老人朝张九龄摆摆
手，示意他快离开。

张九龄回到僧舍，从书桌上捧起那个巨大的墨砚，然后不声不响地将它搬到寺里的空地上，双手握着那根粗壮的墨条磨了起来。

老人见了，觉得很奇怪，便问："你要干什么？"

张九龄一脸认真地说："我要写状子，要告老天爷不降雨。"

"罢矣！"围观的村民以为张九龄是闹着玩的，都不当他是一回事。

张九龄并不在乎别人的怀疑眼光，他用力磨着大大的墨条，渐渐地，墨砚里的清水越磨越黑，这时，原先光亮的天也慢慢变黑了。等张九龄把一整条墨磨完时，天空已是乌云密布，电闪雷鸣。

"好，要老天爷下雨，看我的！"张九龄猛然端起墨砚，用力往天上一泼，只听"哗啦"一声，那盆墨水竟然化作倾盆大雨落了下来。

老人瞪大眼睛对张九龄说："看不出你小子真有通神的能力啊！"

张九龄这时倒谦虚起来了，他解释说："我哪有什么通神的能力？我是从古书上知道'山云蒸，柱础润'这句话的，意思就是山气湿润，石碱'出汗'，出现这种现象，就预示着天快要下雨了……"

这时，所有人都沉浸在下雨的喜悦中，根本没人理会张九龄的解释。他笑了笑，也跟着人们一道欢呼，让雨水淋个痛快。

借棋智谏唐明皇

后来经过科举考试，张九龄来到了长安（今西安）做官，官至"同中书门下平章事"（相当于宰相）。

唐明皇知道张九龄的象棋下得好，便常找他下棋。唐明皇棋艺不是张九龄的对手，却总是不服输，天天都要张九龄陪他下棋，一心想与张九龄比个高低。

张九龄见唐明皇迷恋下棋不理国事，心里很焦急。

一天，唐明皇又召张九龄进宫陪他对弈，两人厮杀得正紧张时，张九龄忍不住对唐明皇说："陛下，我们天天光顾着这样下棋不是太好吧？"

"不要紧的！"唐明皇一脸不以为然的样子，一面回答，一面提"车"来捉张九龄的"马"。

"陛下老这样下棋，朝廷的大事怎么顾得了啊？"张九龄又说，脸上露出一种执拗的神情。

"我都说了不要紧的！别抱住葫芦不开瓢。"唐明皇把张九龄的"马"吃掉了，兴致勃勃地说。

"现在内则官吏贪污腐化，外则异族侵境，如不富国强兵，国家将会有灾难，百姓就难安居了！"张九龄用沙哑的声音说。

"不要紧，国家大事有朝廷文武百官去料理。你快快下棋吧。"唐明皇仍在摆弄棋子。

张九龄于是不说话了。他一边下棋，一边想法子让唐明皇把"车"腾了出来。唐明皇以为得势，拿起"车"横冲直撞，连杀张九龄的几只棋子后，又在中宫线上叫"将军"。

张九龄并没有像常规走法那样把"仕"升起来保护"帅"，他只上了一步"卒子"。

唐明皇见张九龄的走法很奇怪，便指出他的错误。

"不要紧。"张九龄若无其事地说。

"你不顾被'将军'，我吃你的'帅'，你就输了，还说不要紧！"唐明皇一脸不解地说。

张九龄笑了笑，他诚恳地凝视着唐明皇说："陛下，下棋好比管理一个国家，如果'帅'一动不动，与各子不齐心，各子也不保护它，这局棋当然要输啰。下棋只是娱乐，国家大事才是最要紧的啊！"

张九龄诚恳的一席话，说得唐明皇脸红耳热。

祭祀南海神

南海神庙位于广州黄埔区庙头村，又称"波罗庙"，是中国古代帝王祭南海的场所。

南海神庙建于隋开皇十四年（594），距今已有1400多年历史。自隋唐以来，历代帝王在此册封、祭祀，南海神庙香火日盛，蜚声中外。据传，南海神叫"祝融"，历代帝王都十分重视祭南海神，每年都派高官重臣到广州祭南海，祈求海神保佑国泰民安、海运船舶畅顺平安。

唐代武德贞观年间（618—649），朝廷正式定下制度，每年祭五岳、四渎、四海，并规定广州都督刺史为

🔹 梅关古道

祀官，就近祭祀南海神。

开元盛世时期，唐明皇十分重视对五岳和四海的祭祀，最少有五次派高官重臣到岭南祭祀南海神。

唐开元十四年（726），唐明皇派遣太常少卿张九龄到广州祭南岳与南海神，因为当时全国大部分地区久旱不雨，禾苗干枯，朝廷祈求南海神庇佑苍生，早降甘露以缓解旱情。

张九龄奉唐明皇的命令，以特遣持节的身份，千里迢迢南行广州祭祀南海神。

他率领随行人马浩浩荡荡，度梅岭，下浈水，途经故乡韶州时，因为皇命在身，他未敢停留，只是等祭祀完毕北还时，他才回到家乡韶州探亲，可见张九龄为官的忠贤和祭南海制规的威严。

张九龄这次奉命前去祭南海神，是历史上一次重要的祭祀活动。因为在此之前，每年都是由广州都督刺史为祀官就近祭祀南海神。这次由张九龄率队南行祭祀，显示了唐明皇对南海神的崇敬和重视，也开创了皇帝派重臣前往代祭南海神的先河。

韩愈："潮人父母官"

　　819年，一位文人被唐宪宗贬到了广东的潮州去当一个小官。这位文人在任潮州刺史的八个月间做了几件大事：驱鳄鱼为民除害；请教师办学校；释放奴隶；率领百姓兴修水利。千余年来，在他的影响下，潮州文化成为具有个性特色的地域文化，潮州地区成为礼仪之邦和文化名城！因为他的重大贡献，潮州的恶溪改名为韩江，笔架山改名为韩山……这位能让江山改姓的文人，就是"潮人父母官"——韩愈。

夕贬潮州

　　唐宪宗晚年，竟然迷信起佛法来。他打听到凤翔的法门寺里有一座宝塔，叫护国真身塔。塔里供奉着一根骨头，传说是释迦牟尼佛留下来的一节指骨，每30年开放一次，让人瞻仰礼拜，据说这样就能风调雨顺，国泰民安。

　　唐宪宗觉得这佛法不错啊，便派了30人到法门寺把佛

🔷 韩愈（768—824），字退之，河南河阳（今河南省孟州市）人。郡望昌黎，世称韩昌黎。晚年任吏部侍郎，又称韩吏部。谥号"文"，又称韩文公

骨隆重地迎接到长安。

唐宪宗先把佛骨放在皇宫里供奉，然后送到寺庙里让大家瞻仰。朝廷里的王公大臣一看皇帝这么认真，也都来凑热闹。许多人千方百计想得到瞻仰佛骨的机会，有钱的捐香火钱，没钱的就用香火在头顶、手臂上烫几个疤痕，也算表示对佛的虔诚。

当时在宰相裴度手下任职的韩愈不但善于写文章，还

是个直言敢谏的大臣。他对这种铺张浪费的做法很不满，就给唐宪宗上了一道奏章，他说："佛法的事，中国古代是没有的，只是自汉代才从西域传了进来。历史上凡是信佛的王朝，寿命都不长，可见佛是不可信的。"

唐宪宗看了这道奏章大发脾气，立刻把宰相裴度召来，说："这个韩愈诽谤朝廷，我非得把他处死不可！"裴度连忙替韩愈求情，说："韩愈的用心是好的……"

唐宪宗说："韩愈说我信佛过了头，我还可宽恕他；他竟说信佛的王朝寿命都短，这不是在咒我大唐国运不长吗？就凭这一点，我不能饶他。"

后来，替韩愈求情的人越来越多，唐宪宗虽然不杀韩愈，但把他降职到潮州去当刺史。

819年农历正月，韩愈带着无尽的耻辱、忧伤和失望离开了长安。路过陕西的蓝田关时，天正下着大雪，这时又传来了他的家人遭受株连被赶出京城，12岁的女儿病死路上的消息，悲愤万分的韩愈挥笔写下了"一封朝奏九重天，夕贬潮阳路八千……云横秦岭家何在，雪拥蓝关马不前……"的诗句。

的确，从陕西的长安到广东的潮州，千里迢迢，韩愈孤单一人，被贬到那么边远的地方去，辛酸的心情就别提了。幸好他的侄孙韩湘子前来护送他，经过两个多月的颠沛流离，韩愈来到了潮州。

向鳄鱼宣战

韩愈到潮州后，把潮州的官员都找来，问道："我发现这里经济发展缓慢，是什么原因？当地的老百姓有什么疾苦？"

有官员说："潮州的物产本来就不多，加上城东的恶溪（今广东韩江）里有鳄鱼，经常上岸来伤害牲畜，老百姓都被它们害苦了。"

韩愈听了，说："既然这些鳄鱼那么凶恶，我们得想法子把它们除掉！"

"怎么除呢？"官员们面面相觑，一脸茫然。

他们不相信韩愈有能力除掉鳄鱼。因为他只是个文人，一不会动刀，二不会射箭，怎能除掉鳄鱼呢？

韩愈摆了摆手，叫官员们都回家去。然后，他将自己关在房里，没有人知道他在做什么。

第二天，韩愈叫来一位官员，他拿起一张纸，说："这是我写的《祭鳄鱼文》，你去恶溪边读这篇祭文给鳄鱼听。"

"什么？这……这能除掉鳄鱼吗？"这个官员没想到韩愈的"计谋"竟然是去读文章给鳄鱼听，愣在那里不知如何是好。

"快去！按我的吩咐去做！"韩愈下命令道。

那个官员战战兢兢地来到恶溪边，他害怕鳄鱼会从水里跳出来吃掉自己。但韩愈的命令他又不敢不执行，只好硬着头皮念起了《祭鳄鱼文》："这里沿江向南不远就是大海，有的是你们活动的场所和吃的东西，你们赶快迁过去吧。我给你们三天时间，三天不够就给五天，还不够就给七天。如果七天还不走，就说明你们不肯走，那我就不客气了。我是天子派来管理这地方的，你们与我对抗，贻害百姓，就是与天子作对，就可杀！我虽然能力有限，但我可以发动百姓，用强弓硬箭，直到把你们斩尽杀绝为止。到时候请不要后悔！"

念完了，那位官员又按韩愈的指点，叫人杀了一头猪和一头羊，把它们丢到江里喂鳄鱼。

接着，韩愈在潮州城内征集勇士，训练他们使用毒箭射杀鳄鱼的技巧。

这次征集勇士等于做了一次声势浩大的动员会，韩愈要消除鳄鱼在人们心里的恐惧感。事有凑巧，读祭文后，恶溪里的鳄鱼真的再没有出现过。当地的老百姓认为朝廷派来的大官给鳄鱼下的"驱逐令"见效了，渐渐打消了对鳄鱼的害怕心理。

韩愈是不信佛的，又怎么会信鳄鱼有灵呢？其实这只是他安定人心的一种手法罢了。

韩愈初到潮州时，当地的土豪恶霸都认为他是得罪了皇上的钦犯，并没把他放在眼里，依旧为非作歹。韩愈这篇祭文实际上是一篇决心镇压丑恶势力的檄文，如果这些丑恶势力仍然执迷不悟，就坚决镇压！在这种恩威并用的管理下，潮州的社会治安开始稳定，百姓安居乐业。

吾潮导师

韩愈是一位著名的散文家,他继承了秦汉散文的传统,是唐代"古文运动"的倡导者之一。作为读书人,他非常注重文化教育。

韩愈觉得经济落后的潮州要发展,必须接受先进的中原文化。

一天,韩愈问当地的官员:"潮州有没有学问不错的人?"一位官员想了想,说:"有一个进士,叫赵德,是我们潮州当地最有学识的人。"

❺ 韩文公祠

韩愈当即叫人将赵德请来，他们聊了一会儿，韩愈认为他是个有真学问的人，完全可以胜任办学的工作。

"我希望赵先生能专门主管潮州的教育。"韩愈对赵德说。"我是一个没有官衔的人，怎么能主管潮州的教育？"赵德答道。

韩愈笑了，说："我可以任命你做县尉，专门主管潮州的教育！因为我不知道能在潮州待多久，我觉得，即使我被调走了，潮州的教育也应该一直发展下去。所以，我希望你兴办州学，提倡教育……"

赵德非常感激韩愈不拘一格提拔自己，表示一定努力办学。韩愈说："如果兴办州学经费不够，我可以捐出工资。"

赵德觉得韩愈是想认真办学的，便向他请教起中原的教育和文化。

韩愈详尽地讲了一番构想后，忽然间想起了什么，说："哎，对了，我觉得潮州人还应该学习一下中原的'正音'（指唐朝时的普通话），这样潮州人才能与中原人更好地沟通。"

作为诲人不倦的教师，韩愈提倡教学相长。韩愈带给潮州人的入世理念和教育思想，影响了一代代潮州人。后世学者崇敬他，赞誉他是继往开来的先哲良师。

后来，虽然韩愈调离了潮州，但他给潮州留下了巨大的精神财富。到南宋时期，潮州参加科举考试的学子最多时竟达总人口的十四分之一，考取进士的人数也从唐代的

3人增加到172人，潮州从此有了"海滨邹鲁"（"邹鲁"指著名的读书之乡）的美誉。

韩愈为潮州带来了思想、文化上的巨大变化，潮州人也没有忘记韩愈，千百年来，潮州人把韩愈尊称为"吾潮导师"。后人为了怀念他，把潮州附近最高的山命名为韩山，流经潮州最大的河流命名为韩江，许多建筑和道路都用与韩愈有关的称谓命名，连横跨韩江的古桥也用了韩愈侄孙的名字，称为"湘子桥"。

⬥ 潮州"湘子桥"

唐朝时梅关古道的开通，改变了中央朝廷与岭南地区的交通格局，具有重要的政治意义和商业意义。北宋末年至南宋，北方战乱，大批中原的汉人南迁，广东的人口迅速增加，现在粤东一带的客家人，其祖先大多为宋朝时期从北方迁入广东定居的中原汉人。

　　来到广东的中原人士带来了先进的中原文化，极大地推动了岭南地区的城市建设、文化教育和社会发展。

五岭文章

苏东坡："不辞长作岭南人"

在宋代，有一位著名文人被流放到惠州，在这里的四年中，他先后写下了吟咏惠州风物的160首诗词和几十篇散文，使惠州名扬四海。他在惠州传播文明，推广教育，以致后来数以百计的文人墨客纷纷聚集到惠州，大办书院，推广科举，使惠州人才辈出。这个让"天下不敢小惠州"的人，就是大文豪苏东坡。

爱上惠州

1094年，北宋大学士苏东坡因为政见与朝廷的当权者不同，受到了他们的排斥，被贬谪到惠州。

那时的惠州人烟稀少，属于未完全开化的偏僻地方。虽然苏东坡素来为人乐观，但一想到自己已经58岁了，还要跋山涉水、千辛万苦到达边远的南方，心情难免低落。

幸好当时惠州的詹太守是苏东坡的崇拜者，对这位既在朝廷当过大官，又当过皇帝老师的大文豪十分尊敬，他热情地接待了远道而来的苏东坡。

苏东坡在合江楼过了一夜，第二天醒来，他欣赏起周围的风景。

近看，西枝江与东江在合江楼脚下流过；远看，整个惠州城尽收眼底……

"真没想到这里的风景这么优美！"苏东坡边说边摇头晃脑，诗兴大发，吟了起来："海山葱茏气佳哉，二江合处朱楼开……"

苏轼（1037—1101），眉州眉山（今属四川）人，北宋著名文学家、书画家。号"东坡居士"

苏东坡非常喜欢合江楼附近的丰湖，有时白天游览完了，晚上睡不着时，还会去夜游丰湖。

1095年九月的一个晚上，苏东坡又来到了丰湖边观赏夜色。一更时分，他看到一轮清朗的月亮从远山的缺口处跳了出来，朗朗清晖下远远望过去，一座石塔倒映在微波轻漾的湖面上……

"一更山吐月，玉塔卧微澜"的诗句便从他的口里自然地吟了出来。

苏东坡很得意，诗中的"吐"和"卧"字，以动写静，生动地表现出眼前凉天佳月的优美湖景。

苏东坡看看湖上的石塔，又看看倒映在湖水里的石塔，忽然心胸一豁："它是沉落，也是上升。正如我不幸被贬到惠州，却有幸欣赏到丰湖的美丽！"因为丰湖有点像杭

州的西湖，后来，苏东坡干脆将丰湖改称为西湖。

喜欢上惠州的苏东坡虽然没有权也没有钱，但他心中的百姓情结始终没有改变。他希望用自己在北方几个大城市做官的经验，为惠州的建设出谋划策，让惠州变得更加美丽。

苏东坡经过细致的考察，发现西枝江阻隔了两岸百姓的往来。他决意要修一条堤和两座桥，让两岸的百姓自由往来。

苏东坡的建议得到惠州官民的支持，但缺乏筑堤的资金。苏东坡于是捐出了一条名贵的犀牛角做的腰带，他还动员弟弟的夫人把皇帝赏赐的数千黄金也捐了出来。看到苏东坡带头做善事，一些富绅也慷慨解囊……经过多方筹集资金，终于建成了东新、西新两座桥和一道宽畅的大堤。工程完工时，百姓奔走相告，杀鸡庆贺。苏东坡的《两桥诗·西新桥》记载了当时的盛况："父老喜云集……三日饮不散，杀尽西村鸡。"

"知音"王朝云

当初要南下时，苏东坡知道惠州瘴气流行，决定不带任何仆人，即使是他最喜欢的侍从姬妾王朝云也不得随行。"你还年轻，我一人前往就是了。我的老骨头死在那里也不足惜！"苏东坡有点伤感地说。

可朝云不从，她坚决要跟随苏东坡。这让他感动不已。

　　王朝云是浙江钱塘（今浙江杭州）人，因家境清贫，从小就做了歌妓。她的身上有着一种清新、高雅的气质。宋神宗熙宁四年（1071），苏东坡被贬为杭州通判。一次偶然的机会，苏东坡在一个宴会上看到了轻盈曼舞的王朝云，他被朝云的气质打动，娶了她为妾，非常宠爱她。

　　苏东坡有一首著名的诗《饮湖上初晴后雨》："水光潋滟晴方好，山色空濛雨亦奇。欲把西湖比西子，淡妆浓抹总相宜。"这首诗表面上是写西湖的旖旎风光，实际上寄寓了苏东坡初遇王朝云时为之心动的感受。

　　西子，是指西施，"我哪能跟西施比呀？"朝云虽然喜欢苏东坡赞美自己美丽，却谦虚地嗔笑道。

　　"你是在西湖边长大的女子，也是'西子'啊！"苏东坡解释说。

　　苏东坡在杭州四年，之后又转到密州、徐州、湖州当官，因"乌台诗案"被贬为黄州副使，在这期间，朝云始终紧紧相随，陪伴在苏东坡的身旁，和他一起过着颠沛流离的生活，成为他艰难困苦中最大的精神安慰。苏东坡性情豪爽，常常在诗词中畅论政见，多次因得罪当朝权贵而遭贬。在苏东坡的妻妾中，朝云最善解苏东坡的心意。有一次，苏东坡指着自己的腹部问一班侍妾："你们有谁知道我这里面有些什么？"一个答道："文章。"另一个答道："见识。"苏东坡频频摇头。这时朝云笑答："您满肚子都是不合时宜。"苏东坡听了，称赞道："我的知音，只有朝云啊！"

苏东坡有朝云相伴，在惠州过着吟诗游乐的清闲生活，十分惬意。

没想到，善解人意的朝云竟然没能陪伴老迈的苏东坡走完他的人生之路，反而比他更早离开尘世的喧嚣。因为，朝云突然得了一种疫病，苏东坡请来了名医给她看病，也没办法救她。朝云是虔诚的佛教徒，她在咽气之前握着苏东坡的手，念着《金刚经》上的偈语："一切有为法，如梦幻泡影，如露亦如电，应作如是观。"意思是说：世上一切都为命定，人生就像梦、幻、泡、影，又像露水，像闪电，转眼之间就永远消逝了，因此没必要过于在意。这番话包含六个"如"的比喻，不只是朝云对禅道的彻悟，其中也隐含着她临终时对苏东坡的无尽牵挂。

按照朝云的心愿，苏东坡把她安葬在惠州西湖孤山南麓栖禅寺大圣塔下的松林之中。这是一个僻静的地方，黄昏时分可以听到阵阵松涛和禅寺的钟声。附近寺院的僧人筹款在墓上修了一座亭子，命名为"六如亭"，用来纪念朝云。亭柱上刻有苏东坡撰写的一副对联："不合时宜，唯有朝云能识我；独弹古调，每逢暮雨倍思卿。"这副亭联不仅流露出苏东坡对自己一生坎坷际遇的感叹，更饱含着他对一位红颜知己的无限深情。

🔹 惠州西湖

日啖荔枝三百颗

惠州尽管山水很美，但生活环境远远不及当时比较发达的中原，苏东坡刚到惠州时心情不是很好。

有一天，朝云对他说："别愁眉苦脸了！惠州多好啊，当年杨贵妃才能吃的荔枝，你现在可以经常吃了。"

苏东坡被她这样嘲笑，也乐了："对啊，有什么好愁的？既来之则安之嘛！改天我们去吃荔枝！"

苏东坡是个著名的饮食家，岭南气候温暖，一年到头甜瓜香果不断，尤其以荔枝、龙眼、柑橘、杨梅等闻名。

在一次饱食荔枝之后，苏东坡心满意足地写了一首《惠州一绝》：

> 罗浮山下四时春，卢橘杨梅次第新。
>
> 日啖荔枝三百颗，不辞长作岭南人。

有朋友看了这首诗，便笑他太夸张了吧，一个人怎么能"日啖荔枝三百颗"？

苏东坡又将一颗"瓤肉莹白如晶雪"的荔枝肉送入口中，轻轻一咬，那清爽的汁液溢满了他的口腔，那种甜蜜滋味，吃传说中的仙果也不过如此吧！

对于别人对"日啖荔枝三百颗"的质疑，苏东坡也不解释，反倒吟诵起李白的"飞流直下三千尺"来。他的意思是：李白可以夸张地写庐山的瀑布，我为什么不可以夸张地形容自己喜欢吃荔枝？懂诗的人自然明白"日啖荔枝三百颗"是夸张的艺术手法，不懂诗的人再怎么跟他解释

都是白搭！

在心高气傲的苏东坡心里，这句诗其实是写给朝廷中那些打击他的人看的：你们把我贬到这瘴气弥漫的地方，是希望我不好过。可你们瞧瞧，老子的日子过得滋润着呢！至少我经常有新鲜的荔枝吃，你们想吃都吃不着！

后来，朝廷中那些打击苏东坡的人果然看到了这首诗，他们没想到苏东坡居然将"流放"的满腹苦水唱成了甜甜的赞歌。"他那么喜欢岭南的风物，那么留恋岭南之地，就让他去更远的地方好了。"有人这么想着，便向皇帝进谗言诬告苏东坡的不是。于是，苏东坡被迫告别居住了四年之久的惠州，向新的流放地——海南进发……

天下不敢小惠州

原诗为"一自坡公谪南海，天下不敢小惠州"（江逢辰《白鹤峰和诚斋韵》），作者江逢辰（1859—1900），字雨人，又字孝通，号密庵。清归善县城花园围（今惠州城区桥东）人。自幼好学，先就读于丰湖书院，后选入广雅书院。就读广雅书院时，为两广总督张之洞赏识。1885年中举人，1892年登进士，任户部山西司主事。张之洞调任湖广总督后，江逢辰又被聘主湖北尊经书院。后来因母病，乞假归侍。母亲病逝后，他哀悲更甚，"冬不裘，夏不帐，哭无时，夜不睡"，终病死，惠州人称他"江孝子"。

余靖：敢于向皇帝喷唾沫的谏官

有一天，宋仁宗皇帝上朝接见百官时，就是否修葺开宝塔的问题，与一个谏官吵了起来。那个谏官坚决反对修葺开宝塔，认为此举劳民伤财。他据理力争，最后竟然走近仁宗皇帝，由于说话太过激动，唾沫都喷到皇上的脸上了！这个敢于在朝廷上坚持己见的贤官，就是北宋岭南籍的大忠臣余靖。

头上"生角"的斗士

北宋景祐三年（1036）的一天，仁宗皇帝上朝，有人呈上一幅画卷，他看着看着，脸部紧绷，皱起了眉头。

这幅画叫作《百官图》，是开封府尹范仲淹呈上来的。

原来，范仲淹看到宰相吕夷简广开后门，滥用私人，朝中变得腐败不堪，便根据自己的调查，绘制了一幅《百官图》呈给仁宗皇帝。他在图中开列了众官不正常调升的情况，对宰相用人唯亲作出了尖锐的批评。

"皇上，冤枉啊！"吕夷简在仁宗皇帝面前喊起冤来，"我哪有专权？我哪有用人唯亲？我是在做好一个宰相的本分，将有才能的人推荐给朝廷。这些官员好不好，并不是我一个人说了就算，他们最后都是由皇上任命的！范仲淹这么指责我，其实是将矛头指向皇上！我本人受点委屈不算什么，但范仲淹这样做，不是说皇上看人的眼光有问题吗？"

仁宗皇帝听吕夷简这么一说，也怒了，他气得紧握双拳，狠劲地擂打着《百官图》

🔵 余靖（1000—1064），韶州曲江（今广东韶关市）人，宋仁宗时期的谏议大夫

说："我做什么事，要范仲淹教我？哼，我们不用理他！"

吕夷简看到仁宗皇帝站在自己的一边，掀掀眉，颧骨旁边的几颗雀斑兴奋得几乎要从皮肤里跳出来。

范仲淹见呈上《百官图》后，仁宗皇帝无动于衷，反倒看到吕夷简继续在朝廷里作威作福，他气得不行，于是接连写了四道奏章给皇上，指责吕夷简的狡诈。

吕夷简不甘示弱，对仁宗皇帝说："皇上，我看范仲淹咬着我不放，是在离间君与臣的关系！我调查过了，范仲淹勾结朋党，一伙人整天指责朝廷政策……"

仁宗皇帝狂叫起来："这个范仲淹不识好歹，我要贬他的官！"

本来，这场范吕之争的是非曲直，不少人都看得分明。偏偏吕夷简老谋深算，善于利用君主的势力最终取得了胜利。对范仲淹的被贬，谏官高若讷竟然不发一言，没有出来主持公道。

就在这时，与范仲淹毫无交情的余靖第一个挺身而出。他上书仁宗皇帝："皇上自执政以来，多次驱逐评论朝政的人，钳住所有人的口，我看并不是维护天下太平的好政策。我请求皇上不要将范仲淹贬官，使他因为发表言论就获罪，事关重大啊！皇上应该以汉代招纳直谏为榜样……"

余靖这么一来，使得欧阳修和尹洙等官员也出来为范仲淹说情。"要我收回贬范仲淹的命令，他当我是谁啊！"这一下可触怒了皇帝，"这个余靖是什么人？"

吕夷简说他是一个"帖职集贤校理"，就是整理文字工作的小官员。仁宗皇帝听了，生气地说："这么个小官也敢帮范仲淹出头，也将他贬了！"

于是，余靖被贬到筠州做了个管理酒税的小官。

京官蔡襄作了一首名叫《四贤一不肖》的诗，称赞范仲淹、欧阳修、尹洙、余靖为"四贤"，将高若讷视为

"不肖"。这首诗被人们争相传抄，甚至张贴在京城的墙上。其中写到余靖的有32行，表扬他头上"生角"、不避"斧诛""气虹万丈"等等。事情闹大了，朝野为之轰动，余靖因此名气大增。

后来余靖回到京城，与欧阳修、王素、蔡襄一同任职知谏院，成为"四名谏"之一。他积极提出各种谏议，例如举人才、宽租赋、厚农桑、节国用等建议。任官多年，他头上"生角"的直言本色一点也没有改变，以至后来发生了他反对修葺开宝寺佛塔，因为情绪激动，唾沫喷到皇帝的脸上也没发觉的事件。

南征北战

1044年，西夏国向宋朝求和，希望成为宋朝的附属国。但宋朝北面的辽国却不许西夏国跟宋朝讲和，辽兵杀到西夏的边境，他们怕西夏跟宋朝讲和，就会联合起来危害到自己的安全。

仁宗皇帝急了："现在辽、夏、宋三国分立，战争一触即发。该怎么办？"

大臣们都面面相觑，没了主意。只有余靖站出来说："我们不能听辽国的话。辽国就是怕我们休养生息，将来好对付他们。"

仁宗皇帝见余靖支持抗辽的意见，有点怕了："那辽国在我们北边闹事怎么办？"

"我们暂时不要册封西夏，可以先通过外交手段去跟辽国谈判，然后再见机行事！"余靖从容不迫地说。

仁宗皇帝见余靖说得那么自信，就说："那我派你去跟辽国沟通。"

余靖领命后，只带领十几个随从就出了居庸关，去辽国见他们的国王。余靖据理力争，指出对方背弃双方签订的和平协议是不合适的，提出双方应该继续罢兵修好。面对坐在帐篷中从容说话的余靖，辽国的国王理屈词穷。

口才很好的余靖是一个杰出的外交人才，他先后三次出使辽国，终于令辽国在北面少惹是生非，使宋朝获得较为稳定的发展机会。

北方好不容易安宁了，南方广西又发生了侬智高起兵反宋的事件。

侬智高攻破了南宁市，建立了大南国。随后其军队沿珠江东下，14天内接连攻克了9个州，并包围了广州。危急关头，仁宗皇帝又派余靖出任广西安抚使，去平定叛乱。

由于侬智高有当地的少数民族支持，宋军很难全歼他的军队。这时，余靖想到了离间计："我们只要让少数民族不支持侬智高，他就变成没水的鱼了！"

这时，一个叫杨元卿的官员站出来说："我熟悉支持侬智高的其中一个部族，还会讲他们的语言，我可以通过说服这个部族，进而说服其他部族不支持侬智高。"

余靖大喜过望，让杨元卿带着黄牛、食盐等礼物前去做说服工作。有两位少数民族头领随杨元卿出山见余靖。余靖慰劳了他们一番之后，又给他们封了官。这两位少数民族头领回去后互相转告，致使其他少数民族纷纷疏远、脱离了侬智高。

类似的离间工作，余靖做了很多，终于让侬智高变得孤立无援，加上名将狄青的围剿，侬智高元气大伤，他率领残余的部队退到大理国特磨道（今云南富宁县一带）。

后来，打探到侬智高身在大理国，余靖让石鉴招募五六千民兵向特磨道进发，同时还派遣萧继率重兵跟随在后，前后呼应。他们成功抓获了侬智高的母亲阿侬、弟弟和两个儿子。余靖高兴极了，连忙撰写《贺生擒侬智高母表》，上奏朝廷报喜。

阿侬等人被押送回广西后，余靖想杀了他们。

"请不要杀他们！"这时，广西转运司对余靖说，"我们抓到的不是侬智高的母亲、弟弟和儿子，而是当地少数民族为了领赏随意抓来的几个人。"

余靖只能作罢。"如果不除掉侬智高，他始终是朝廷的心腹之患！"于是，余靖继续向大理国施加压力，让他们交出侬智高。

迫于压力，大理国国王段思濂最终还是杀了侬智高，并将他的人头送往京城，震惊朝野的侬智高起兵反宋事件就此画上了句号。

余靖南征北战，为保大宋江山立下了大功，成为继张九龄之后的又一岭南名臣。

张镇孙："广州状元"

在广州市人民南路，有一条街叫"状元坊"，这个名字早在元朝就已经叫开了。原来，南宋时有个广州人中了状元，人们在他居住的通泰里的街口建起了一座富丽堂皇的状元牌坊以示纪念，于是通泰里便改名为"状元坊"。这位广州状元，便是两宋岭南唯一的状元——张镇孙。

神奇的"张氏子"

张镇孙五六岁时，便被父亲张翔泰送去私塾读书。

私塾的教书先生摸摸张镇孙的脑袋笑着问："你就是街坊们口中说的那个贵人？"

张镇孙稚气地眨巴着眼睛，脸上泛着红晕，说："是的！大人们都爱那样说我。"

原来，张镇孙的母亲在怀他的时候，曾梦见过一轮红红的太阳扑入她的怀中！这当然是很神奇的事，人们都在猜测：张家肯定要出一个贵人！

🔹 张镇孙（1238－1278），号粤溪，原籍广东南海（今广东佛山市南海区），宋度宗咸淳七年（1271）状元，是宋朝唯一一位籍贯位于岭南的状元

教书先生慢悠悠地说："知道命中注定要做贵人了，你为什么还来读书呢？"

张镇孙答道："我听父亲说过，'坐吃山空'！即使是'贵人'，如果没本事，也会'坐吃山空'。我们家并不富裕，所以我要来读书，将来我要中状元！"

教书先生愣了愣，他没想到眼前这个小孩那么早慧，他不断地上下端详他，自言自语地念叨："书中自有黄金屋！好好读书，将来你一定能成为贵人的！"

张镇孙果然聪明伶俐，加上师长管教有方，他苦心读书，很快便以博闻强记著称。他知识渊博，文辞畅达，有"神童"之称。

15岁那年，张镇孙参加了广州的童子试，得了第一名，从此名声大振。

有一天，一个同学告诉张镇孙："我听到一个传说：李昂英（番禺人，南宋诗人）在做梦时，看见有人弯弓射珠江，珠江水竟然干涸了！他醒来后，觉得这个梦不寻常，于是占了一卦，发现将来广州有一个人会中状元，是'张氏子'！你说好笑不好笑？"

"张氏子？会不会是说我啊？"张镇孙笑着对那位同学说。

"状元啊！哪会那么容易中的。"那位同学讥讽张镇孙是不是太过自信了。

果然，张镇孙的科举之路并不是一帆风顺，他自从 15 岁参加童子试以后，屡考不中，加上家境困难，各种嘲讽和打击接踵而来。然而这些挫折不但没有消磨他的志气，反而更加促使他奋发向上。20 年后，张镇孙参加了乡试。结果，他中了第五名举人。

高中状元

"不得了啦！珠江断流水啦！"一天，张镇孙在书斋读书，忽然听到外面有人大声嚷嚷。

中了乡试之后，他的下一个目标就是上京考状元。这些日子以来，他日夜钻研名家论著和历代兴亡的历史。听到叫喊声，张镇孙心中不觉一动，想起多年前李昂英关于"张氏子"中状元的那个预言来。他抛下手中的书本，急急忙忙走到珠江边察看。

原先流经广州宽阔的珠江河段水量是非常大的，可眼前的河床因为江水的枯竭竟然露出了一块块大石，一些大胆的人居然可以踩着石头从江南走到江北！

难道李昂英说的有人弯弓射珠江令江水干涸的传说成真了吗？张镇孙四处张望，哪里能见到有人弯弓射珠江？

就算有，江水又怎么会因此而干涸呢？

这年，张镇孙远赴南宋的京都临安（今杭州市）参加会试、殿试。他在金殿上挥笔疾书，顺利完成了洋洋七千字的政论文《廷对策》。他在文中针对国家的积弊，慷慨陈词，提出"国家以民为命脉"的论点，认为皇帝应该"以仁治天下"，并大胆提出严惩贪官污吏，以平民愤的建议。

张镇孙的《廷对策》深得皇帝的喜爱，皇帝御笔朱批他成为一甲第一名。

当时，贾似道在朝廷里任宰相。他是个大奸臣，把持朝政，胡作非为。有一次，贾似道召见新科状元张镇孙，他大言不惭地说："子乃似道所擢也……"意思是张镇孙之所以能够当上状元，是他大力举荐的结果，所以张镇孙应该答谢他。

张镇孙知道贾似道在拉帮结派，扰乱朝纲，这与他理想中的圣贤行为有很大的差别。他不希望卷入复杂的人事斗争中，所以置之不理，没有去送礼答谢贾似道。

按照宋朝的惯例，状元可以得到政府的金钱作为生活费，但张镇孙只是领取了一些就作罢，许多人都说他诚实正直。

"你这样不行的，既不收买上司，又不贪图富贵……"有朋友劝张镇孙不妨"随大流"，这样日子才会好过。

"我们读圣贤书，就是希望用自己的知识为国家做贡献，希望国富民强，怎么可以同流合污呢？"张镇孙对这种混日子的做官态度非常不屑，"我们的官员个个都在为自己的利益着想，难怪我们经常受到外族的侵略！"

张镇孙由于作风正派，得罪了贾似道。他只得到一个"秘书监正字"的职位，也就是做个处理文书工作的小官职。后来，他还被外派到浙江的一个小地方做了个通判官。

张镇孙做这个通判官没多久，元兵大举南侵，南宋的百官到处逃散。这时，刚好张镇孙要送父母回广州安居，却被一些谏官弹劾因害怕元兵而逃跑，竟然被朝廷罢了官职。

誓死不度南岭的"状元郎"

在广州闲居的张镇孙优游度日，他整天和朋友们聚会，或者去珠江边观潮，或者上白云山看云，然后吟诗作对，真是"无官一身轻"啊。

一天，张镇孙又和朋友到城北的白云山游玩，看着山下楼房如积木般堆砌而成的广州城，他忽然觉得自己生于斯长于斯的广州很弱小，很需要有人去保护它。

"乾坤大德知难报，誓秉孤忠铁石坚。"张镇孙喃喃自语，吟诵起自己以前写的诗句。

1276 年，大举南下的元兵不但攻陷了南宋的京城杭州，还一步步杀向福建，直逼广东。朋友们看到张镇孙眼里尽是忧郁，又吟诵当年中状元后写的《谢恩诗》，知道他是为元兵的南下而担心，便劝他说："食君之禄，担君

之忧。这些国家大事，让做官的去处理吧！走，我们去那边看鸟！"

这时张镇孙已经没有游山玩水的心情了，他匆匆忙忙回到广州，到处向人打听元兵的踪迹和朝廷的近况。

1276 年下半年，南宋的端宗皇帝从海路逃往福建，之后又辗转到了广东。12 月，中国南方最大的城市广州已被元兵占领，张镇孙带着家人逃难离开了广州。

宋军节节败退，形势非常危急。再不想办法抗元，南宋很快就要亡国了！这时，端宗皇帝才想起了广州有个文武双全的状元张镇孙，于是马上传旨召见他。

流亡中的端宗皇帝在惠州甲子门召见了张镇孙，任命他出任龙图阁待制、广东制置使兼经略安抚使，授权他统辖广东军政大权。端宗皇帝还亲自赐予张镇孙佩剑和弓箭，希望他能统领军队收复广州。

张镇孙临危受命，知难而进。熟悉广州山川地形的他重整南宋军队，安抚百姓。他与南下入粤的文天祥、陆秀夫等抗元英雄遥相呼应，并率领宋军与元兵激战，终于一举收复了广州。

这时，南宋朝廷上下群情激奋，个个都说幸亏广州有个张镇孙！大家也看到了抗元大业的一线生机。

与大家乐观的情绪相反，张镇孙却显得忧心忡忡。因为他知道，强大的元兵很快就会卷土重来。

这天，张镇孙在广州的城墙上巡查防务，来到城南，他的眉头紧皱了起来，一个部属问他发现了什么问题。

张镇孙说："广州北面背靠越秀山，东、西两面的城墙又高又厚，可以说是有险可守，但广州的城墙是'凹'形的，南面缺口的地方是珠江的北岸。这里的城防相对薄弱，如果元兵从水路攻打广州，后果不堪设想啊。"

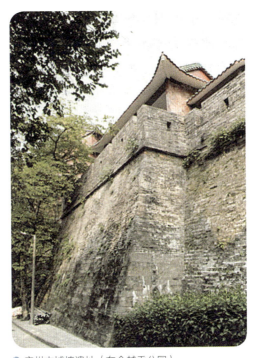

🔵 广州古城墙遗址（在今越秀公园）

大家都觉得张镇孙眼光独到，纷纷按照张镇孙的指示去调集战船，在珠江北岸的广州河段布防。

半年后，元军又派大将吕师夔、索多带兵猛扑广州，果然，他们这次真的是从水路攻击广州。张镇孙率领2000余艘战船在珠江江面上迎击元兵，经过一个多月的反复较量，终因力量悬殊，宋军水兵大败，只好退守广州城内，与元兵展开激烈的巷战。

这时的广州孤立无援，打下去也是必败无疑的。张镇孙没有逃离广州，他并不怕死，他担忧的是广州的未来……

看到守城的张镇孙如此英勇，元军将领吕师夔忽然想到了招降这一招。他答应了张镇孙的要求：在南宋军队投降后，元兵不在广州进行屠城。

张镇孙知道，元兵的战法是：凡是敌军守城不投降而造成元兵损失巨大的，入城之后元兵都要屠城进行报复。1215年，成吉思汗攻陷金国都城中都（也就是现在的北京），对城中的居民进行了长达一个月的大屠杀。"我现在的'投降'，是为了避免广州被屠城，这也是我目前最应该做的事，即使被骂作懦夫、叛徒，我也在所不辞！"张镇孙觉得自己是在做最后一件对广州有益的事情。

元兵果然没有在广州进行屠城，他们劝张镇孙担任元朝的官职，张镇孙一直都在推托。

第二年，吕师夔要回师燕京，便将张镇孙也押解北上，希望在北方迫他就范。

一天，张镇孙听人说他们已经到了大庾岭（大庾岭亦称"梅岭"，位于江西与广东的边境），他忽然流下了眼泪。离开大庾岭向北走，就正式离开岭南地区了！

作为中国传统文人，张镇孙一直以来都受着宁死守节、不降敌国的气节教育，他知道自己的"变节"是很难得到别人原谅的。"可有谁知道我委屈自己去救广州的苦衷啊！"他心里充满了委屈，但他很坦然，"我生为岭南人，死也要做岭南鬼！我要以死来明志！"

张镇孙用自缢的方式，在大庾岭山中自杀了，成为誓死不度南岭的"广州状元郎",以身殉国。

后来,张镇孙的学生们将他的遗体运回广州,葬在了永泰里(今三元里)的张家祖坟里。

状元坊

广州一条古老的内街巷,因宋代状元张镇孙故居在此而得名。自清代康熙年间以来,街内遍布加工金银首饰、戏服、顾绣、绒线绣球的手工艺作坊,并以其技术精巧而享誉国内外。

陈白沙：挥舞"茅龙笔"

　　一般来说，书法是用毛笔来书写的，但有一个人却喜欢用茅草做材料制成的"茅龙笔"来写字。这个人就是被称为"广东第一大儒"的陈白沙。

爱读书的"遗腹子"

　　1428年农历十月二十一，一个男婴在白沙村降生了。

　　他的母亲林氏看着这个新生的小男孩，悲喜交集。喜的是，她终于为早逝的丈夫生下了这个"遗腹子"；而悲的是，自己一个寡母婆怎么养大这个孩子啊？林氏之前已有一个男孩，取名陈献文，所以她根据族谱的取名方式，将这个新生的男孩命名为陈献章。

　　因为陈献章长年居住在广东省江门市的白沙村，后人尊称他为"白沙先生"。

　　陈白沙的父亲是在他出生前一个月病逝的。陈白沙的母亲操持家事，一个人拉扯着两个男孩，她希望这两个孩子能健康长大，将来像他们的父亲一样成为有学问的人。

可是，陈白沙的身体一直很不争气，每年都要生一场大病。母亲特别疼爱这个儿子，除了经常给他做好吃的，还经常给他讲一些祖先的故事。

"你的祖父叫陈朝昌，他啊，最喜欢读老子那些道家学派的书。宋朝有个道士也跟你一样姓陈，叫作陈抟（即陈希夷）。这个陈抟也是个很厉害的书法家，他的书法'开张天岸马，奇逸人中龙'，笔画飘逸，你祖父非常仰慕陈抟潇洒的人品和书法……"陈白沙听着很感兴趣，他挥着小手说："我将来也要做一个书法家！"

"好！好！"母亲挺高兴儿子有志气，又向他介绍说："你的父亲叫陈琮，他啊，很小的时候就会做文章和写诗歌了。他还有一样特别的爱好，就是喜欢研究理学……"

虽然那时候陈白沙还不明白什么是理学，但他小小的心灵里从此种下了"理学"两个字。

"春阳台"苦读

20 岁那年，陈白沙参加乡里的考试，取得了第九名。

第二年，陈白沙来到北京参加了科举考试，成为进士，获得了进入国子监（明代教育体系中的最高学府）读书的机会。

但在接下来的几年里，陈白沙在一些更加高级的考试中并没有太大的进展。

🔅 陈献章（1428—1500），广东江门白沙乡人，人称"白沙先生"。精通诗词、书法、理学，是明代闻名天下的大学问家

　　"我听说江西有个著名学者叫吴与弼，很有学问，你不如去跟他学习。"一天，一位朋友对陈白沙说。

　　陈白沙想了想，觉得自己已经27岁了，在学问上依然是只会"程朱理学"（宋、明理学的主要派别之一，代表人物是程颢、程颐和朱熹）的那一套，没有太大的进步。

　　"我应该再出去闯一闯，多见见世面，做自己的学问！"陈白沙对自己说。

　　于是，陈白沙收拾行李，来到了江西临川，跟从吴与弼学习理学。可是，过了半年，陈白沙就发现，虽然吴老师讲解古代圣贤的著作很透彻，但都只是重复古人的学问。不久，陈白沙便决定回家自学。

陈白沙在家乡的书房"春阳台"苦读。为了减少外界的干扰，他在墙壁上凿了个小洞。他吩咐家人："以后饮食和衣物，都由这个洞递进来给我。我读书的时候，任何宾客来找我，都说我不在。"

陈白沙在"春阳台"安安静静地读了十年书，读遍古今书籍。他在有点刻板的"程朱理学"上，加入了"学宗自然"（向自然学习）等见解独到的观点，在传统的理学（又称道学，主要是探讨世界的本原问题与人性的来源和心、性、情的关系问题，以及认识的来源和认识方法问题）上加入了新的元素，成为一代理学大师。

意外发明了"茅龙笔"

陈白沙除了极短的时间在外地做官外，大部分时间都用在读书和讲学上。虽然他在理学上创造了"自觉""知疑""静坐"等新主张，但他并不是个死读书的书呆子。

在新会的圭峰山讲学时，有一天，陈白沙到玉台寺外散步。这里的山上长满了白茅。陈白沙走得累了，就坐在石头上休息。风一吹，一丛白色的茅草斜斜地在他的面前招展，他看那风中的白茅十分美丽，便伸手去折，想带一些回去装饰学舍。

没想到那白茅非常坚韧，陈白沙没能随手折断那根白

茅。他一咬牙，用力一扯，终于将它扯断了。这时，他发现靠近茅根的断口处露出了一束柔软而富有弹力的白毛。

"这些毛跟毛笔的毛十分相似，能不能用它来做毛笔呢？"陈白沙灵感来了。

于是，陈白沙动手采摘了一把白茅带回家。第二天，他将白茅拿出来晒。过了一段时间，白茅干了，他就用短木棍轻轻地把白茅舂烂，又放在蚬灰水里浸上几个时辰，去囊后再晒干，将茅心的毛扎成一束做成茅笔。

陈白沙用这支茅笔蘸上墨水，等笔吸墨饱满后，提笔写了一个"笔"字。这种笔写出来的字笔画很硬朗，特别

白沙先生对自己创造的茅龙笔感情甚深，尊称其为"茅君"

是写连笔字时，那些将断未断的连接笔画非常生动，由于它的毛比较硬，写成的字很有阳刚之气。

陈白沙高兴极了，自言自语道："这种用白茅做的笔能助我写出龙飞凤舞的书法，我就叫它'茅龙笔'吧。哈哈哈……"

从此，陈白沙便喜欢挥舞这种由他独创的茅龙笔来写字，他写的这种书法，便是闻名天下的茅龙书法。至今，在广东韶关市的风采楼和广州市的南海神庙等地方，还保留着陈白沙气势不凡的书法作品。

理学

宋元明清时期的哲学思潮，又称道学。它产生于北宋，盛行于南宋与元、明朝代，清中期以后逐渐衰落。理学的创始人是周敦颐。

伦文叙：岭南"鬼才"

中国古代的读书人因为要参加刻板的科举考试，需要死记硬背"四书""五经"之类的圣贤文章，所以常常给人以"书呆子"的印象。可偏偏有一个书生为我们留下了好"盏鬼"（"机智生动"的意思）的书生形象，他就是有"鬼才"之称的明代广东状元伦文叙。

聪明的"大头仔"

伦文叙是广东南海人，小时候他家里很穷，靠租种邻近的中山小榄镇大财主何月溪的田地为生。

有一年秋收之后，父亲带着伦文叙撑船运谷到中山小榄交租。来到小榄时，天色已晚，他们不便搬谷下船，只好将船停在河边过夜。

当晚秋月皎洁，何月溪登上自家的小楼赏月，远远望见河边停泊的载谷船上有一个耀眼的光斑。何月溪觉得很奇怪，立即下楼走出去察看。当他走近那条船的时候，光斑不见了，他只见到一个头大如斗的小孩在船头睡觉。

何月溪狐疑地四处张望，也没发现什么异常，便转身返回楼上。再望那条船时，他又看见那个耀眼的光斑。这样走了几次，何月溪终于明白，那个耀眼的光斑，原来是那个"大头仔"宽大的额头在反射月光的光芒！

天亮时，伦文叙的父亲带着他来交租。何月溪一眼看见伦文叙宽大的额头，心里一动，心想：这

伦文叙（1467—1513），南海黎涌（现广东佛山市澜石镇黎涌村）人。明朝孝宗弘治十二年（1499）的状元。他擅长写作对联，留下不少联语，有"鬼才"之称

个"大头仔"面相奇特，以后一定是个非凡的人物，日后必定大富大贵。于是，何月溪便对伦文叙的父亲说："我看伦文叙聪明伶俐，不如让他留下来陪我的小孙子读书吧！"

伦文叙的父亲脸上一亮："真的？那太好了！"

伦文叙的父亲小时候也读过书，只因生活贫困，未能走上科举之路，于是他便把全部希望寄托在伦文叙的身上。伦文叙两三岁时，他的父亲便在劳动之余用心教他写

字、读书。伦文叙是个聪明的孩子，很小便能背诵许多古文、诗词，还养成了勤学好问的好习惯。看着伦文叙年纪渐大，他的父亲正为他的学业、前途忧心呢，现在何月溪提出让他留下来免费读书，他高兴得不得了，立即连声答应。

从此伦文叙便在何家读书。他记性很好，过目不忘，出口成章。何月溪很喜欢伦文叙，把孙女许配给他。

有一天，伦文叙跟私塾先生在书斋里读书。忽然，窗外下起了大雨。"帘外雨潺潺，春意阑珊……"私塾先生边摇头晃脑吟着李后主的名句，边走出书斋在屋檐下赏雨。

"哈哈！雨打芭蕉，好景！好景！"这时，窗口伸出一个大大的头，还得意地笑着说。私塾先生一看，原来是伦文叙。他略微有点严肃地说："顽童无心读诗书。"伦文叙一吐舌头，那个大头便闪回窗内，可他随口说的"先生有意观冰雹"依然传入私塾先生的耳里。

私塾先生呆了一下，原来自己与伦文叙的对答竟然是一副对联呢！他不觉暗叹："这小子将来前途不可限量啊！"

对联高手

过了一段时间，伦文叙离开中山来到了广州，他一边靠卖菜为生，一边自学经典著作。

一天傍晚，卖完菜的伦文叙正要回家，路过西关一座寺院，忽然前面锣鼓喧天，原来是两广总督吴琛要来寺进香。

伦文叙早就听说这位总督大人是个才子，今天有了见面的机会岂能错过？趁大家专心张罗迎候吴琛的时候，伦文叙悄悄地溜进大雄宝殿，钻入神台下藏了起来。

不一会儿，总督大人果然进来了。他向佛像参拜、上香、祝祷时，忽然看见神台下有个黑影在蠕动，不禁大惊失色，连忙叫卫兵捉拿刺客。

卫兵们迅速把"刺客"捉住了，原来是一个10岁左右的小男孩。

寺院的法师认得这个在附近卖菜的伦文叙，怕他得罪总督大人要吃亏，便连忙向吴琛施礼道："这个小孩是本寺附近的神童伦文叙，贫僧常与他吟诗作对。这个小孩才思敏捷，应对如流。今日冒犯官威，实在是出于无意，还望大人原谅他！"

吴琛听说伦文叙是神童，心里便有几分欢喜，他说："本官今日出一句下联试试你的才学，如果你对得好，就恕你无罪。若对不上，可要重重处罚。你敢对吗？"

原来是要对对联！伦文叙一点都不怕，他自信地点了点头。

吴琛出的下联是：三尊宝佛，坐鳌、坐象、坐莲花。

伦文叙想了想，随口回应了一句上联：一介寒儒，攀龙、攀凤、攀丹桂。

吴琛一听伦文叙的上联，觉得他不但有急才，而且在字里行间透露出希望通过读书改变命运的愿望，是个有志气的少年。爱才的吴琛还听说伦文叙因为家贫失学，觉得不应该埋没人才，当即表示要奖赏银两给他，资助他完成学业。

又有一天，伦文叙担着菜沿着西关的多宝街叫卖。忽然，他见到一间大屋的正面横额写着"内翰第"，两旁贴着"子当承父业；臣必报君恩"的对联，不禁不屑地讪笑起来。

这时，宅主胡员外的师爷蹿出门来，一把捉住了伦文叙的衣领，恶狠狠地骂道："你这个小东西，竟敢嘲笑我写的对联！"

听到门外吵闹，胡员外也走了出来喝问缘由。伦文叙淘气地把嘴一撇，冷笑一声，指着对联说："这副对联大逆不道啊！古代的圣贤不是教育我们：先君而后臣，先父而后子，这叫尊卑有序。而这副对联却先子而后父，先臣而后君，简直是颠倒人伦，不忠不孝，目无君父！"

师爷一听，吓得目瞪口呆。胡员外也十分紧张，忙请伦文叙入屋细谈。细问之下，才知这个卖菜的小孩就是西关一带的神童伦文叙。

"既然你认为这副对联不妥，怎么写才行？可否替我另写一联？我一定会重重答谢你。"胡员外急忙向伦文叙请教说。

伦文叙见他一脸诚恳，便乐呵呵地说："这副对联本来就很工整，只要把它的一些字词调整一下，变成'君恩臣必报；父业子当承'就行了。"

胡员外一听大喜，连声称赞："好！一副坏的对联被你调整几个字就变成一副好的对联，真不愧是神童！"随即让管家拿出银两来奖赏伦文叙。

广东花发状元来

33岁那年，伦文叙到北京参加科举考试。

到达北京后，伦文叙听说有个叫柳先开的湖北考生狂妄自大，认为本科状元非他莫属，并在湖广会馆贴上一副对联：

广东花未发

湖北柳先开

有些人问广东才子伦文叙怎么看这一件事。伦文叙冷笑着说了句："依我看，恐怕是'湖北柳先开不得，广东花发状元来'！哈哈哈……"

毕竟，柳先开和伦文叙都是才子，在考试时，他们两人的成绩难分高下。谁该中状元？两位主考官出现了争执，最后决定以对联比赛再分高下。主考官梁储听见东林内的乌鸦叫了一声，便说出了上联：

鸦扑丫枝，丫折鸦飞丫落地

柳先开对出了下联：

豹过炮口，炮响豹走炮冲天

伦文叙也说出了下联：

鹄立菊叶，菊垂鹄去菊朝天

两人对出的下联各有特色，两位主考官各持己见，争论不休。后来，主考官梁储又决定以写诗的方法来评出两人的才能高下。

伦文叙挥笔写下了一首诗：

潜心奋志上天台，睇见嫦娥把桂栽；

偶遇广寒宫未闭，就将明月捧回来。

"哇，你连明月都要捧回来，看来这个状元非你莫属了！"皇帝看了伦文叙这首诗，也被他丰富的想象力折服了。

皇帝和两位主考官经过评定，一致认为伦文叙的诗要比柳先开的诗略高一筹，判伦文叙夺得魁首——状元。

福地巷

伦文叙和家人曾长期居住广州，他教子有方，三个儿子个个好学成才。伦氏父子四人，有"榜眼"，有"会元"，有"解元"，更有"状元"，在科举考试中，成绩之佳，古今罕见。人们又把伦家所在地称为"福地"，附近一带也就被称为"福地巷"（今在广州海珠中路）。

屈大均："热血和尚"

1662年，一个33岁的男子从北方回到了故乡番禺。认识他的亲戚朋友见到他头上留起了头发，都问他是不是不做和尚了。他说："是的，我还俗了！"可是过了没多久，他又把自己的头发全部剃光了。

在清朝，世俗的男人都必须留辫子，否则就要被杀头。见亲戚朋友眼中充满担忧，他用手搔搔自己的光头，豪爽地笑了笑说："我没有头发，怎么留辫子？"为了避免要留辫子的屈辱，他始终保持着光头的形象。他就是明末清初广东著名的"热血和尚"屈大均。

冒死收葬老师的遗体

屈大均从小就跟随在广州行医的父亲寄居在广州西场一户姓邵的人家，他最初的名字叫作邵龙。十几岁时，他随父亲回归原籍番禺，恢复屈姓，改名大均。

屈大均的父亲对他要求很严，规定他每日必须读书30页。屈大均到了15岁，已经非常善于作诗写文了。他和一班喜欢写诗的朋友组织了西园诗社，整天吟诗作对，日子过得逍遥自在。

一年后，屈大均来到广州越秀山的一家书院，拜当时著名的学者陈邦彦为师，学习经史典籍，希望将来通过科举之路走入官场，为明朝政府服务。

可就在1646年，清军攻陷了广州城，打破了屈大均安心读书的梦想。

屈大均回到番禺避难，他的父亲语重心长地对他

🔹 屈大均（1630—1696），字翁山、介子，号莱圃，广东番禺（今广州）人。清代著名文学家。代表作有《翁山诗外》《广东新语》等

说："如今清军占领了广州，你如果投靠清政府，是不仁不义的。你要记住，你是明朝的子民，要洁身自爱，千万不要做对不起祖宗的事情啊！"

屈大均脸色严峻地答道："我一定记住父亲的话！"

一天，屈大均打听到自己的老师陈邦彦已经投笔从戎，率领反清人士在广东高明发动起义，要反攻被清军占领的广州城。

屈大均马上赶去投靠陈邦彦。陈邦彦很信任这位充满热情的学生，便委任只有17岁的屈大均率领一支队伍帮助

自己围攻广州城。但他们的反清力量有限，很快就被清军打败。

陈邦彦作为反清义军的领头人，不幸被清军俘虏了，并被凌迟处死。逃避在外的屈大均知道老师牺牲的消息后，悄悄潜入广州城，他流着眼泪，冒着随时被清军发现的危险，偷偷从刑场上收拾了恩师的尸骨去安葬。

在广州，屈大均看到了清军的凶残，看到了清军将领的横行，他很想像汉代的张良刺杀秦始皇那样与敌人同归于尽。但一想到如果自己死了，就不能为恩师报仇雪恨，也不能保卫岌岌可危的明朝政府，于是屈大均赶到肇庆，向逃亡到这里的明朝永历皇帝呈上了《中兴六大典书》，为反清献计。

热血的政治和尚

1650年的一天，屈大均来到番禺圆岗乡雷峰山的海云寺削发为僧。

当最后一缕黑发从他那个大光头滑落时，他对自己说："从今天起，我就是一名佛家弟子。"

当时，清兵到处追捕屈大均，为了躲避清军的捕杀，他才逃入佛门。僧人，只是他掩护自己的一个身份。他将自己居住的房间命名为"死庵"，表示自己誓死都不会臣服清朝。

那时候，明朝的江山已岌岌可危，反清复明是许多像屈大均这样的热血汉人的伟大志向，但平时是不能随便表达这种意愿的。虽然身在佛门，屈大均却不热心做撞钟念经的佛事。他偷偷拿了一枚永历铜钱（明朝的货币），用黄丝带从中间的孔穿过去，打了个结，将这枚铜钱像装饰品一样挂在贴身的地方。在夜里，他常常用手掂量着这枚明朝的铜钱，提醒自己："我是明朝的人，绝对不能臣服于清朝！"

在寺里住了一段日子，屈大均便不安分了，他以僧人的身份四处活动，联络各地的抗清志士，企图反清复明。

1652年，屈大均以化缘为名开始云游四海，他甚至去南京拜访了明孝陵；又去了北京，登上景山寻到了明朝崇祯皇帝自缢的那棵树进行哭拜。

屈大均和他的反清同仁取得了一些胜利，比如与魏阱、祁班孙等人秘密联络反清名将郑成功，邀请他带兵北上抗清。后来张煌言与郑成功合兵率军沿长江而上，攻克了芜湖、徽州府、宁国府，攻下三十余州县。但在1659年，郑成功的军队被清军打败。

随后，屈大均辗转各地参加反清复明的活动，但都以失败告终。

反清复明的希望彻底破灭之后，1683年，屈大均从北方回到家乡番禺。这时，屈大均追随的永历王朝也灭亡了。屈大均还了俗，结束了十多年的和尚生涯。

铁骨铮铮的诗人

1685年，屈大均来到广州，在城南成立了三闾书院，供奉屈原的画像。历史上，三闾大夫屈原就是忠君爱国的象征。一些人在清朝、心在明朝的遗民自然明白屈大均建立三闾书院的用心，他们常常来这里找屈大均谈诗聊天。

广州城南靠近珠江，是人来人往的闹市。看书看累了，屈大均就走出三闾书院，到处看看广州的民情世态。

有一天，屈大均在街上闲逛，忽然"轰"的一声巨响在他身边响起。他吓了一跳，侧头一看，原来声音是从路边一个店家传来的。他走过去一看，见一个男人用一个圆圆的铁炉在制作炮谷（爆米花）。他好奇地走过去观看，只见那男人将一些米粒放进铁炉里，然后关上炉身上的小门，在火上烧。他不时地滚动着铁炉，等里面的米均匀受热……一分多钟后，他打开炉门，"轰"的一声巨响，铁炉里面的米粒弹了出来，冲进一个布袋里。

"炮谷好香啊！"屈大均闻着阵阵香气，不禁吞了一口口水，赞叹着说。

"先生，你喜欢的话，可以拿点来尝尝！"那店家男子将一些雪白的炮谷递给屈大均。

"嗯，好吃……"屈大均边吃边和那男子聊了起来。

回到书院，屈大均拿出纸笔写了起来："广州之俗，岁终以烈火爆开糯谷，名曰炮谷，以为煎堆心馅。煎堆者，以糯粉为大小圆，入油煎之，以祀先祖及馈亲

友者也……"

又有一次，屈大均想去郊外游玩，在书院门口看到两个小孩在玩耍。一个说："我们看谁能一刀过从蔗尾破到蔗头！"另一个兴奋地说："比就比，我怕你啊！"两人就比了起来。比完赌蔗，他们又比斗柑，各人分别剥开了一个柑，比谁的柑核多……

屈大均看了，若有所思，连忙退回书院，又拿出纸笔写了起来："广州儿童，有赌蔗、斗柑之戏，蔗以刀自尾至首破之，不偏一黍，又一破直至蔗首者为胜，柑以核多为胜。"

屈大均记这些笔记，是为了写一部《广东新语》，专门记录广东省的山川形势、历史传说、物产民俗等。

有一天，大诗人王士祯从北方来到广州，他和两广总督吴兴祚约屈大均去饮酒。席上，王士祯笑着对屈大均说："屈先生才如江海，听说最近却在写一些记录民间风物的笔记，浪费了你的才气啊！"

吴兴祚也说："我读过屈先生写的《广州竹枝词》：'洋船争出是官商，十字门开向二洋。五丝八丝广缎好，银钱堆满十三行。'这首诗是描绘现在广州商贸繁荣的景象，可见清廷的管治也不错啊。我准备上表皇上，推荐屈先生，希望你能为清廷出力。"

那时，清朝统治中国的大局已定，曾经和屈大均一起反清的著名诗人朱彝尊等已经通过参加科举而做了清朝的大官。屈大均坚守气节，借口家有老母要照料和有些书未写完，婉转地拒绝了他们的举荐。

屈大均继续写诗文，后来，他的作品都成为清朝的禁书。他就是用这种方式坚持自己始终如一的反抗。

1696年，67岁的屈大均在弥留之际，对长子屈明洪说："曾子讲过，一个人要死得'正'！"并让儿子扶正自己的枕头。经过多次调整，直到屈明洪告诉他"正"了，他才甘心闭目离开了这个世界。

《广东新语》

屈大均撰，是一部重要的清代笔记。全书共二十八卷，每卷述事物一类，即所谓一"语"，如天、地、山、水、虫、鱼等。《广东新语》记载了许多有关广东物产民俗方面的资料，对于研究明清时期广东地方民俗史有重要的参考价值。

袁崇焕："顶硬上"的战神

　　1626年2月23日，努尔哈赤率领30万大军前来攻打宁远城。面对气势汹汹的围城大军，明军阵中一位将领大喝一声："顶硬上！"然后指挥明军用火炮轰击清军。在这次保卫宁远城的战斗中，明军歼敌一万七千多人。

　　落败的努尔哈赤仰天长叹："我从25岁起到处征战，战无不胜，偏偏这个宁远城攻不下，气死我了！"

　　这位面对劲敌毫不畏惧而"顶硬上"的明朝军队将领，就是有"战神"之称的广东人袁崇焕。

文官出身的"战神"

　　"这位老兄，听说你曾经在山海关驻守。我想向你请教一下北方边塞的事情……"1622年，袁崇焕在上北京的路上，遇到了一个退伍的士卒，他便向士卒请教边疆的军事情况。

🔹 袁崇焕（1584 — 1630），祖籍广东东莞，明代万历年间中进士。在明末内忧外患的时势下，他投笔从军，重整山河。是我国历史上杰出的军事家和英雄人物

士卒看了看一身文官打扮的袁崇焕，一时不知说什么好。

1619年袁崇焕中了进士，被朝廷派到福建的邵武县任知县。现在他是按规定到北京述职。袁崇焕为人慷慨，少年时就很有胆略，素来喜欢和友人谈论军事。

"这位老兄，别紧张。现在清军多次侵犯我大明疆土，国家正处在多事之秋，我们读书人不能再安坐书斋啊！"袁崇焕目光炯炯，他说起话来单刀直入，没有太多文人的酸气，倒是有着武夫的爽快。

那位士卒听了袁崇焕的话，神色也严峻了起来，说："现在边疆形势很危急啊……"

在北京，袁崇焕的军事才能受到御史侯恂的欣赏，他向朝廷举荐袁崇焕。袁崇焕升任为兵部职方司主事。

这时，清军兵势正盛，明朝的王化贞大军在东北的广宁覆没，朝廷上下惊惶失措，对于是否能够镇守住山海关，朝臣们议论纷纷。

袁崇焕却没时间在北京空谈时局，他一个人偷偷出了

北京去边疆考察局势。在北京的其他官员和家人都不知道他的踪影。

不久，袁崇焕返回北京。

他写了一份边疆局势的报告递交朝廷，他说："只要给我兵马粮草，我一个人就能够守住山海关！"

袁崇焕的胆识得到朝臣的称赞，他也因此升任兵备佥事，负责助守山海关。

那时，清军的势力十分强大，明军节节败退。

直到1626年2月23日，袁崇焕顶着敌强我弱的巨大压力，率领明军在宁远打败了努尔哈赤的30万清军，才取得了振奋人心的一胜。

诛杀毛文龙

毛文龙是明末的大将，任皮岛（在鸭绿江口东，也称东江。今属朝鲜，改名椵岛）的都督。他通过海道与明朝政府联络，经常偷袭清军的后方，使得清军无法对辽西和明朝的本土展开有效进攻，对保障关内的安宁起了一定作用。

但是，在后来的战斗中，毛文龙多次袭击清军都遭到失败。

这天，朝廷又收到毛文龙申请增加兵饷的报告。"毛文龙近来常常打败仗，兵员减少了，但仍然要增加兵饷，我们觉得毛文龙有问题！"朝廷官员潘士闻、董茂忠上书弹劾，请求撤换毛文龙。

在商议对策时，袁崇焕提议派遣官员到皮岛管理兵饷、核查银钱账用。但这个建议遭到了毛文龙的抵制。

1629年，袁崇焕带着皇帝赐的尚方宝剑去见毛文龙。

经过三日的谈判，毛文龙始终不接受袁崇焕主张的"皮岛设文官监军、粮饷由宁远转发、改编部队"等建议，谈判失败。

之后，袁崇焕劝毛文龙退役回乡，但毛文龙推说自己了解辽东局势，有助明军，不肯退役。

毛文龙虽然有军功，但他曾经两次带兵到山东抢掠钱粮，还有通敌的嫌疑，近期更加有投靠清军的趋势，所以朝廷才派袁崇焕处理他。

经过一番布置，袁崇焕邀请毛文龙一起检阅将士比赛射箭。毛文龙不知是计，欣然赶来参加检阅。

袁崇焕提出毛文龙的几件坏事来责问他，毛文龙还在狡辩，袁崇焕命令部下将毛文龙捆绑起来。

"我们之前给了你改过的机会，希望你回头是岸。谁知你狼子野心，欺骗朝廷到底，目中无我就算了，但目中无天子，国法岂能容你？"袁崇焕又说，"你以为我是一介书生？其实，我也是朝廷的一员大将！"

接着，袁崇焕宣布了毛文龙的"十二大罪状"，叫部下拿出尚方宝剑，要斩杀毛文龙。

毛文龙的部下想来保护他。袁崇焕对他们说："毛文龙的罪行这么严重，你们觉得应不应该杀？如果是我冤枉

了他，你们就来杀我吧！"

见部下不敢来救，毛文龙不停地叩头，希望袁崇焕放他一条生路。"你不知国法太久了，如果不杀你，我们脚下这块土地，就不是皇上所拥有的了！"袁崇焕一声令下，旗牌官张国柄手执尚方宝剑当场斩下了毛文龙的头。

杀掉毛文龙之后，袁崇焕整理他的旧部，继续部署抗击清军的大计。

忠魂依旧保辽东

1629年年底，清军采取绕过山海关的计策，将战火烧到了北京附近。

当时，清军攻破的隘口是由蓟州太守刘策管辖的，袁崇焕一得到消息，立刻赶来救援。

北京城的官民突然遭到兵灾，谣言就纷纷传了起来，大家都说是袁崇焕放纵清军入侵。

袁崇焕以前出于战略上的考虑，曾提议与清军议和，一些官员也因此怀疑袁崇焕对明朝是否忠心。

有一天，一个太监回到北京，向崇祯皇帝报告说："袁崇焕与清军有约定，准备谋反朝廷！"

原来，明朝的军队出外打仗都有配备太监随行。这次，清军提住了两个太监，故意让他们"偷听"清军的悄悄话。他们确信自己听到了清军说"袁崇焕与我们有密约，会配合我们攻打北京城"之类的话。

清军故意放了其中一个太监返回北京，让他回去向崇祯皇帝告密。

崇祯皇帝不知这是清军的反间计，竟然中计了，认定袁崇焕有谋反的心。

凑巧的是，从山西赶到北京救驾的大同总兵满桂率领铁骑与清兵大战。满桂在战斗中，身上中了清军射来的五支箭。满桂察看了这五支箭，发现箭上都刻有袁崇焕部队的记号。"原来袁崇焕通敌，是他想杀我！"满桂怒火满腔，立刻向崇祯皇帝揭发袁崇焕"通敌"。

崇祯皇帝立刻召袁崇焕、满桂上殿对质。

对那五支有自己部队标记的箭，袁崇焕无法解释。崇祯皇帝于是下诏逮捕了袁崇焕。

清军听闻袁崇焕入狱，知道自己的反间计得逞了。清军再次进逼北京城，将满桂的部队打得落花流水。

在狱中，袁崇焕不顾个人的安危，写信给自己的部下，让他们保卫北京。他的部下希望用战功来救出袁崇焕，他们奋勇作战，收复了永平、遵化一带，迫使清军退回了辽东。

但他们的努力也没能改变崇祯皇帝的看法，他认为袁崇焕有罪，经过半年多的审判，袁崇焕被安上了"通虏谋叛""擅主和议""专戮大帅"的罪名，被判处凌迟（古代刑罚的一种，要将犯人的肉一片片割去）。

1630年8月，行刑的那一天，袁崇焕毫无惧色，视死如归。他被五花大绑，押上了刑场。

袁崇焕在临刑前，念出了自己的遗言："一生事业总成空，半世功名在梦中。死后不愁无勇将，忠魂依旧守辽东。"袁崇焕悲愤地表示自己即使死了，也要为国家守卫边疆。这位悲情的英雄冤死时才47岁。

山海关

又称"榆关"，位于秦皇岛市东北15公里，汇聚了中国古长城之精华，是明长城的东北关隘之一。在1990年以前被认为是明长城东端起点，有"天下第一关"之称，与万里之外的嘉峪关遥相呼应，闻名天下。山海关城，周长约4公里，与长城相连，以城为关，城高14米，厚7米，有四座主要城门和多种防御建筑。

李文茂：侠义名伶

1854年，广东冒起了一支奇特的反清义军，它的骨干主要由粤剧艺人组成。他们的"战衣"是演戏的戏服。这些戏服是仿明代的衣冠，表现出这支义军誓要反清复明的决心。他们最终成立了大成国，以大地为舞台，上演了一出极富戏剧效果的精彩大戏。率领这支义军的首领，就是一身蟒袍甲胄打扮的侠义名伶李文茂。

唱"反"歌

一天，在"凤凰仪"戏班的戏棚外，一个小戏子闲得无聊，倚着柱子在哼一首"禁歌"："上等之人欠我钱，中等之人得觉眠，下等之人跟我去……"可还没哼完，他就听到远处传来一阵熟悉的脚步声，他的脸色渐渐变白、变灰。

来人是30岁出头的李文茂，他体壮力健，声如洪钟，既是"凤凰仪"戏班中的武生"二花面"，也是反清民间组织"天地会"中的拳师，是个充满侠气的粤剧界领袖。

作为戏班中的后生，他当然熟悉大哥李文茂那虎虎生风的脚步声了。

"怎么不唱下去？"李文茂秃鹰一样锐利的目光盯住那位后生。

那位后生不知说什么好。因为他刚才嘴里哼的，是反

李文茂（？—1858），出身于梨园世家。被粤剧界誉为"师祖"之一

清的太平军用来发动民众起义的歌谣！要是被人告到官府里去，他是要被斩头的！

"怎么啦？不会唱？"李文茂问，见后生不吱声，脸上便换过一副若无其事的表情说，"我教你唱啦！"

"好过租牛耕瘦田！"李文茂一开腔，这充满元气的七个字立即像滚过天空的轻雷，持续在震荡。霎时，那位后生的背脊似乎感到戏棚的大柱子也在不住地晃动。

"原来李大哥也会唱啊！"那位后生松了口气。

"现在这世道谁不会唱这歌？"李文茂的脸色冷峻起来了，"我们'天地会'也是用这首歌来招人入会的，你有没有兴趣加入？"

"好啊！"后生笑了笑，"以后跟着大哥走，有饭又有酒！"

那时的粤剧艺人并没有什么社会地位，被视为"下九流"，社会上的人一般都认为他们"成戏不成人"。他们不能上京考试，拜祖宗时也不能分猪肉，演员穿的蟒袍上面的龙只有四只爪，背后还有一个方印，刻着"借衣乞食"四个字。"我们粤剧艺人贱过'地底泥'，我们要争取应有的社会地位！"李文茂乐呵呵地说。

"怎么争取啊？"后生一脸茫然。

"把皇帝拉下马！"李文茂用他那张大手，在自己的脖子横着一比画，说，"然后我们自己做皇帝！"

那一刻，李文茂是乐观的，因为就在一年前，"太平天国"已经在各地起义，各地反清的组织不断涌现。"天地会"本来是隐蔽的民间帮会组织，秘密从事反清活动。太平天国金田起义爆发后，"天地会"受到了极大的鼓舞，走上了历史舞台，他们公开组织自己的武装部队。这时，清政府正疲于应付江南一带的太平军，无力来管治南方，两广一带便成了"天地会"活动的大好舞台。眼看腐败的清政府已经风雨飘摇，李文茂也在等待时机，准备起义。

"大元帅"黄婆洞誓师

"狗官们烧了我们在佛山的琼花会馆（粤剧人聚脚聊

天、谈艺、练武的场所），说我们是无所事事的无赖，我们该不该反他们？"1854年7月5日，在广州市郊区的黄婆洞，李文茂站在一块高大的石头上，振臂高呼。

他像是用火辣的语言点燃了成千个炮仗似的，"该反，该反"的声音在他面前千余名戏班子弟的口中炸响。

"我们辛辛苦苦演戏，整天身水身汗，赚得又不多，但清朝的狗官还常常逼我们戏班加捐加税，这么刮枇（指刻薄）的税吏值不值得打？"

"值得打！"

"我们红船子弟（指从事粤剧的人）是不是那种'讲就天下无敌，做就周身无力'的人？"

"不是！""不是！"

李文茂双手在胸前做了个向下压的动作，示意大家先安静下来。他郑重地说道："既然我们有心有力，反清就不成问题了！"他的脸上闪出自信的光彩，"我们不是孤单的反清义军，太平天国的天王洪秀全已经派密使到广东，他们会联系我们'天地会'造反，我们准备来个南北配合，推翻清廷！"

"好！"大家一听，更加兴高采烈。

李文茂经常在广东各地演出，结识了不少江湖义士，加上他平日轻财尚义，又武功超绝，所以这次揭竿而起，应者云集。这次在黄婆洞誓师，就有附近雅湖的甘先、沙亭岗的周春等率领的农民义军来加盟。他们誓师祭旗，推举李文茂为"统领水陆兵马兼理粮饷大元帅"，正式宣布起兵反清。

戏子作反

李文茂在黄婆洞起兵造反的消息一传出，清军大为紧张。当时驻守江村的清军副将崔大同、游击洪大顺闻报，立即分兵先后攻打黄婆洞。

在舞台上指挥过千军万马的李文茂很有大将风度，他压根就没将清军放在眼里。他以粤剧班的健儿为核心，将他们编为三军，小武（角色行当名，下同）、武生等为文虎军；二花面、六分架为猛虎军；五军虎、打武家为飞虎军。

李文茂身穿戏班的蟒袍、甲胄，一身三军主帅的打扮。其他男性头目也穿上戏班中文官、武将的服饰，女性头目就穿上戏班的女将服饰。

李文茂笑着对大家说："我们要反清复明，先要恢复明朝的衣冠啊！"

大家互相看着身上的戏服，都笑得很开心："戏子作反，古今未有！"

黄婆洞位于广州城北面的白云山中，周围谷深坡陡，是一处易守难攻的地方。李文茂让大家找到有利的地形隐蔽起来。

清军崔大同的队伍走到牛栏岗，突然遇到李文茂率领的军队袭击。清军都是一些墨守兵书战术的人，可他们的对手个个穿红着绿，不像是打仗的人。更加离奇的是，他们在战斗中完全不讲究战术，喜欢游击战，你正要用枪当胸刺他，他一个跟斗就翻到你的背后，然后顺势给你一刀！

清军哪里见过这种打法的对手，傻乎乎地还没反应过来，就被打得七零八落。

洪大顺见情况不妙，立即率兵来救援崔大同，却被甘先、周春率领的义军截击。

一番激斗，清军将领洪大顺、崔大同都被杀死，清兵兵败如山倒，义军迅速占领了江村。

"戏子作反！连戏子都打不赢，真是一群废物！"在广州城的两广总督叶名琛大发雷霆，他急派守备屈超群、千总熊应飞、把总黎安澜前去围剿李文茂。这些家伙陷入了义军的重重包围中，纷纷被杀。

黄婆洞战役大大提振了义军的士气。李文茂把义军的指挥部设在江村，扎大营在佛岭（今广州新市附近），联合番禺的陈显良、佛山的陈开等义军，开始围攻广州。

这时，有近百万农民群众前来响应李文茂的起义，他们先后占领了广州外围的十四个州县。李文茂还提出了气势不凡的口号："拿龙"（石龙），"捉虎"（虎门），"剐咩"（广州又称五羊城），"拜佛"（佛山），"上西天"（到广西建立根据地）！

眼看孤城广州就要被攻破了，这时，英国人助纣为虐，用军舰运送粮食、枪械、军队给两广总督叶名琛，使李文茂围城半年都没法取胜。后来，李文茂决定放弃攻打广州，改从肇庆方向西进，准备到广西建立根据地。

智取浔州

1855年5月，李文茂和陈开率领广州、佛山两地的上千艘战船、数万部众，分水陆两路，浩浩荡荡沿西江而上进入广西，连克藤州（今藤县）、丹竹（今属平南）、江口等城镇，直达浔州府（今桂平）城下。浔州知府刘体舒和知县李庆福等人早就听到了消息，提前做好了准备。他们加固城墙，打算拼死坚守。义军一连数次进攻，都没有奏效，李文茂便定下了智取的计策。

这年的中秋节前，李文茂率领数千水军，猛攻了一阵浔州城后，便佯装败退，撤出战斗，沿着黔江北上弩滩，并扬言说要转移去攻打武宣。武宣只是个县城，防守力量相对较弱，避强击弱是用兵的常法，浔州知府轻易相信了这个消息，大大松了一口气，下令全城军民准备欢度中秋。

知府大人是个戏迷，中秋节那天，特意请了一个广东的戏班进城，开演的正是古装名剧《芦花荡》。为了体现与民同乐，知府、知县的家眷以及众多军民都来到了台前。

演出开始了，主角花脸张飞须横如刺，目光似电，他的扮相威严，唱念做打又十分了得，手中的一根丈八蛇矛

舞得如雪花飞舞，令人眼花缭乱，观众连连喝彩。

看到过瘾处，知府得意地对知县说："听说大贼王李文茂在广东就演过这个张飞，如果台上的张飞就是他，我们马上就把他捉起来，向朝廷请功领赏。"

身边的太太小姐们听了他的话，都吓得大惊失色。看到她们失魂落魄的样子，知府禁不住哈哈大笑起来。

笑声未落，他却突然惊呆了：城门那边竟然燃烧起了熊熊烈火，火光映红了半边天。戏场上顿时乱作一团，知府知道情况有变，正想带上家眷离开，台上的"张飞"大吼一声："看你哪里跑！"那根丈八蛇矛"呼"地飞来，登时就结束了知府大人的性命。

原来台上的"张飞"果真是李文茂所扮，义军靠着这样的乔装打扮，乘敌不备，终于占领了浔州城，宣布成立大成国，李文茂称平靖王，陈开称平浔王，将浔州改名秀京，将年号改为洪德。

平靖王府设丞相、都督、将军，文武百官穿戏服作为朝服。

李文茂还分封了附近州县的义军领袖，封容县起义的范亚音为荣国公，贵县（今贵港市）起义的黄鼎凤为隆国公，全盛时期几乎占有了广西的大半州县。

一场由粤剧名伶李文茂"导演"的大成国大戏，就这样粉墨登场了。

1840年，鸦片战争首先在广东打响，两年后，清廷告负。1842年，香港岛被割让给英国，此后广州、汕头、江门等多个城市被开放为对外商埠，人民的生活日益艰难，数以万计的广东人出国谋生。

　　得地利和风气之先而比较早接触西方文化的广东人开始接受西方的先进文化，容闳成了"中国留学生之父"，詹天佑成了"中国铁路之父"，而冯如则成为"中国航空之父"……

岭海强音

容闳："中国留学生之父"

　　1872年，有一位珠海人历经15年的奔波和努力，终于促成清政府派遣120名少年留学美国。这件前所未有的奇事，为中国培养了一批新式的栋梁之材，而且开创了近代中国官派留学教育的先河，深深地影响了现当代中国历史的进程。这位有"中国留学生之父"之称的人叫容闳。

进入教会学校

　　7岁那年，容闳跟父亲去了澳门。"阿闳，我送你入教会学校读书，怎么样？"一天，容闳的父亲对他说。

　　"跟鬼佬（当时称外国人为鬼佬）读书？好可怕啊！"容闳有点担忧地说。

　　容闳的家乡在南屏镇（现属珠海市），那里和澳门只有一水之隔。小时候，他就听大人们说那里有不少西方传教士，他们还开办了学校。

　　"可是英国传教士开办在澳门的马礼逊学堂是管吃管住的，最重要的是不要钱！"父亲显然回避了容闳最担忧的

"可怕"这两个字。

一听说"不要钱",容闳马上不吱声了。因为跟接触鬼佬相比,没钱、没知识,对一个贫穷人家的孩子来说,是更加可怕的事呢!

父亲接着说:"我看以后中国是有可能与洋人通商的,洋务一定会是一种热门的职业。我们做父母的,都希望孩子能出人头地。你在教会学校读书,英文一定

🌸 容闳(1828—1912),广东香山县南屏村(今珠海市南屏镇)人。中国近代史上首位留学美国的学生,中国近代早期改良主义者,中国留学生事业的先驱,被誉为"中国留学生之父"

会很好,将来做一个翻译或者洋务委员,实在是很有前途的工作。"

容闳听了,觉得这还不错,便同意入学读书。

容闳进入马礼逊学堂学习时,全校只有五个中国的孩子,容闳是第六个学生,也是年纪最小的一个。他们在学校上午学习算术、地理和英文,下午学习国文。

1840年鸦片战争爆发前夕,马礼逊学堂一度停办。容闳回到了家乡。1842年,由于香港被割让给英国,马礼逊

学堂便迁往香港，学校的老师居然找到了辍学在家打零工的容闳。容闳随后迁往香港继续学业。

在香港，容闳得到了校长勃朗先生的热心指点。勃朗是美国耶鲁大学1832年的毕业生，是一个极为出色的教师。他性情沉静，处事灵活，为人随和，充满乐观主义精神。

1846年8月的一天，勃朗先生上完课后告诉同学们，因为健康的缘故，他决定要回美国去了。

"我非常舍不得你们，我想带几个同学跟我一起走，我可以提供方便，让你们在美国完成学业。"勃朗先生用恬淡的语调继续说下去，"如果有谁愿意跟我一起走的话，请站起来。"

这时，班里一片寂静。毕竟，要年轻人离乡背井去陌生的"番鬼国"（外国），并不是随便就能答应的。

忽然，一个学生站了起来。勃朗先生一看，原来是容闳。接着，黄胜、黄宽也站了起来。

勃朗先生微笑了，叫他们回家跟父母商量，得到同意才能跟他去美国。

如果说小时候还有点怕鬼佬，在教会学校受了12年教育的容闳现在一点也不惧怕与他们相处。

那天晚上，容闳把自己的决定告诉了母亲。母亲一听，立刻哭了起来。那时，中国很少有人到海外去，儿子这一去，很可能意味着生离死别。

"孩子，我知道你见识比我多！我也留不住你。你就勇敢地走你认为正确的路吧！"母亲最终还是同意了容闳的请求。

四个月后，容闳和黄胜、黄宽一起在黄埔港乘上了驶向美国的"亨特利思"号帆船。

耶鲁第一位中国学子

"亨特利思"号在大洋的惊涛骇浪中颠簸了整整98天，终于在1847年4月12日驶进了当时只有二三十万人口的纽约港。

到了美国不久，黄胜因病在1848年秋天回国。两年后，黄宽亦转往苏格兰去学医，只有容闳一个人留在了美国。

容闳在麻省的孟松预备学校就读，三年后，他考入了耶鲁大学攻读英国文学。

一天放学后，有几个美国同学拿着足球要去球场踢球。他们招呼容闳一起去玩。

"我不玩了，你们去玩吧！"容闳向他们摆摆手说。

等他们走后，容闳急匆匆跑出学校去了一家煤店，他在这里做运送煤球的兼职工作。

在大学里，容闳虽然得到了一些奖学金，但远不够他应付生活所需。读书之余，他经常要去打工，帮人洗衣服、做图书馆管理员……

有一次，容闳劳累了一天，回家后，饭也不吃就倒头

大睡。可睡了没几个小时，容闳就醒过来了。他摸摸自己的头，觉得头有点痛。不过，他还是爬起来，在书桌上摊开了书本。因为更让容闳头痛的是，他的数学老不及格，他得花时间多做练习。

"容先生，中国人都像你这样不用睡觉的吗？"这天，有一位美国同学问容闳。因为，在他的眼中，中国人实在是太神奇了：可以不睡不吃，整天做兼职，而且学习成绩还不错！

容闳苦笑了一下，说："我其实很累的。我也想好好休息，享受大学的美好时光，可是，我玩不起啊！"

美国的同学对他说："做人要学会劳逸结合才好。我们有几个美国同学组织了一支足球队，需要一个'火头军'，你有没有兴趣做？"

"好啊！"容闳一口答应了下来。做"火头军"起码能保证自己有饭吃，另外，还可以抽空看看他们踢足球，如果有可能，就跟他们学几招，锻炼锻炼身体。他想起了当年和自己一道来美国的黄胜，就是因为身体不好才被迫回国的。

没想到，容闳就这样喜欢上了踢足球。他以东方人灵巧的身躯，像穿花蝴蝶一样带着球在球场上驰骋，不少美国朋友赞扬容闳是"传奇式的足球英雄"。

容闳经过7年的艰苦学习，不仅从中学毕业，而且顺利拿到大学文凭，获得文学学士学位，成为中国受过美国高等教育的第一人。

当戴上学士帽的那一刻，容闳特别思念祖国和亲人。面对美国的强盛和清朝的落后，他突然产生一个闪光的念头："如果中国的青年也像我这样来美国接受教育，学到技术和本领，再回去建设祖国，要不了多久，中国就可以变成富有活力的新中国。"

怀着这个"留学教育计划"，1854年11月，容闳谢绝了许多美国友人的挽留，回到了阔别7年的祖国。

艰难开辟留学路

1870年，清政府终于批准了容闳的"留学教育计划"。拿着这份申请了十多年的计划，容闳热泪盈眶。

回国以来，他这个中国第一位"海归"的日子一点也不好过。每当他向别人提起这份"留学教育计划"，人家都是用看"傻佬"的眼光来看待他。

有些官员对容闳说："我大清帝国是天朝上国，怎么能向洋人学习？你自己离经叛道就算了，要说服朝廷同意你这份计划，谈何容易啊？"

容闳人微言轻，要实现个人的梦想，在故步自封、沉闷单调的中国社会，似乎无法找到任何的突破口。他只好先搁置自己的计划。最初，容闳在广州美国公使馆、香港高等审判庭、上海海关等处任职，后为上海宝顺洋行经营丝茶生意。

后来，容闳做茶叶生意也不见起色。但就在这看似碌碌无为的生活中，容闳有了明确的方向。他感慨地说："我志在维新中国，应该从大处着墨。整天为赚几个茶叶钱奔走，我的事业岂不是水中捞月？"

之后的日子，容闳长期充当说客，到处推广自己的"留学教育计划"。终于，15年后，他通过曾国藩、李鸿章等清朝高官上书朝廷，从而让清朝批准了他的"留学教育计划"。

这个计划打算在1872—1875年，由清政府每年挑选30名12岁左右的少年赴美留学，4年共派出120名，是中国最早的官派留学生。

但是，克服了官方的障碍后，留学却又面临着民间的阻力：官方出钱派人到美国留学，竟然无学童愿去！

当时人们仍然认为只有读"四书""五经"，由科举当官才是"正途"，所以，第一批30名留学生在上海竟然招不满额！

朝廷只能从乡村招收出洋留学的学生。

有一天，一位官员来到一条村里拜访各住户，看哪一家的父母愿意把他们的儿子送到国外接受西方教育。"你们放心，留学的经费全部由政府负责。"官员向父母们解释说。

"免费？！"这让许多人都费解，这么好的事怎么会轮到自己？尊贵的官员又怎么会亲自到乡下来做推广宣传？

家里有几个孩子的父母觉得可以"搏"一下，即使这个去留学的孩子不幸死了，也还有其他的孩子可以传宗接代！于是，有的人申请了。

可是过了不久，就有人散布流言："听说西方人是野蛮人，他们会把我们中国人活活地剥皮，再把狗皮接种到中国人的身上，当怪物去展览赚大钱……"

"哗！这还了得！"对外国完全无知的乡下人吓了个半死！他们宁可信其有，不可信其无。那些报了名的人赶快去撤销了报名。对国人的无知，容闳摇了摇头，但他不怪自己的同胞："这正是我要推广留学计划的原因，让国人走向世界，让国人了解世界，这样才有可能实现世界大同！"

为打消这种顾虑，容闳便以自己的留学经历现身说法，证明留学生是不会被剥皮做展览的。

经过百般努力，好不容易才凑足了首批30名官派赴美留学生。在大清首任驻美公使陈兰彬、驻美副公使容闳的率领下，1872年8月中旬，他们从上海起航赴美，开启了中西文化交流史上新的一页。

留学计划夭折

到美国后，这些中国留学生在美国的学校上学，住在美国人的家中，他们的行为举止自然会发生变化。容闳积极支持他们参加各种体育活动，如打篮球、棒球、踢足球等，还支持他们参加各种社团活动。

留学生们迅速融入美国社会，例如自行车刚在美国问世时，中国留学生也感到好奇，试着骑，耶鲁大学第一个学会骑自行车的人就是中国留美学生；其中一人还当过耶鲁大学划船队队长，许多人还学会了跳舞，由于他们彬彬有礼，许多美国女孩都喜欢和他们跳舞。在服装上，由于经常运动，他们开始讨厌中国的长袍马褂，而喜欢穿运动衣。

有一次，中国留学生按惯例去拜见清政府的留学监督官员。在闲聊中，留学监督官员发现有几个留学生头上戴的是假辫子！官员大怒，问："为什么要把辫子剪掉？"

一个留学生说："最初，我和美国同学踢足球时，都是将辫子塞进内衣里的。可是，比赛很激烈，辫子会飞出来，辫子一散开，对对手的影响很大。他们说这会影响他们的注意力，影响比赛的公平竞争……"

"公平竞争？"留学监督官员的鼻孔狠狠哼了一声，"我大清男子留辫子，是大清帝国的重要标志，岂能随便剪掉？"

留学生们在官员的震怒下面面相觑。事后，他们都说起1876年参观美国费城国际博览会的事。在参观博览会的第三天，美国总统格兰特专门接见了这批中国留学生，他主动与大家握手，亲切交谈，鼓励他们用心学习。美国总统的平易近人，与见中国官员要下跪、磕头形成鲜明的对比。留学生们在美国一点点感受到近代文明的自由、平等、民主精神，这些都使他们对中国的封建专制制度产生反感。

但新的政治危机也一天天在增加。清政府派留美学生的如意算盘是：在政治和思想上保持自身文化传统的前提下，把美国的先进技术学到手，旧瓶装新酒，换汤不换药。事实证明，这是不可能的。留学生们在美国接受的是西方教育，过的是美国式的生活，对于十来岁的孩子来讲，他们非常容易"美国化"。还有一些留学生受美国宗教文化的影响，渐渐地信奉了基督教，诵《圣经》，做礼拜，十分虔诚。容闳认为这叫入乡随俗，没必要责怪他们。

不料，清朝的总理衙门（外交部）的官员们已全盘接受驻美公使陈兰彬的"全撤"请求。1881年6月8日，慈禧太后同意了这个请求。原计划留学时限为十五年，不料进行到第十年时，留美学生全部被政府强行召回。

容闳以留学为核心内容的教育兴国计划虽然失败了，但毕竟迈出了中国教育走向近代的艰难一步，是中国教育变革的先声。

刘永福：“黑旗军虎将”

　　清朝末年的对外战争中，无能的清军给人留下每战必败的印象。可在中法战争中，却有一位中国军人打仗猛如烈虎，几乎每战必胜，让法军闻风丧胆。这位名将就是有"黑旗军虎将"之称的刘永福。

诱斩安邺

　　1873年11月的一天，刘永福正在军营里遛狗，忽然有部下来报："越王（指越南国王）派使者前来紧急求见刘大哥！"

　　"有什么事吗？"当时在黑旗军中，大家都是称兄道弟的，被尊称为"刘大哥"的刘永福隐隐感觉到了不安，他的眼角眯起了细小的皱纹，但语气依然平静地问。

　　"听说是来请求刘大哥派援兵去打法国军队。"来报告的部下回答道。

　　"唔……"出兵是大事，如果打败仗是要死人的。刘

🔹 刘永福（1837—1917），字渊亭，广东钦州（今属广西）人，祖籍博白东平，清朝末年的将领。1883年率黑旗军参加中法战争，屡次大败法军。是中国近代史上卓越的军事家

永福沉吟了起来，身边那条狗在他的脚边绕着圈。

　　刘永福所处的军营位于越南的北部，貌似平静，但他非常了解自己的处境。

　　1867年，法国侵略者强行侵占了越南的南半部之后，不久就对越南的北部发动了疯狂的进攻，梦想灭亡越南，进而从西南入侵中国，建立一个所谓的"伟大的法兰西东方帝国"。那时，越南的阮氏王朝政令酷虐，民不聊生，弄得田园荒芜，衰微破败。面对法国的侵略，他们只好采取屈辱求和、妥协投降的态度。1873年11月，法国殖民主义急先锋堵布益企图以武力打通红河，进而搜刮中国云南的矿产资源，开辟进入西南腹地的新商路。但他的计划受阻，法国当局又派安邺带兵一百八十名和两艘炮舰在11月

20日晨突然轰击河内。越南总督奋起抵抗，但武器差劣，士气不振，不堪一击。法国侵略军配备有最新式的精良武器，像来福快枪、卡乞开司机关枪、开花弹大炮等。安邺命令士兵轮流用机关枪扫射，发炮轰击城墙……越王迫不得已，派人分别往谅山和保胜请求清朝政府出兵援助，但清军无动于衷。

"刘大哥，清军都按兵不动，我们去打法国人，危险啊！"一位参谋对刘永福说。

刘永福望着军营插着的黑旗上那个"北斗七星"图案，若有所思。

刘永福世代贫寒，尽管他身强力壮，但仍赤贫如洗，无法糊口。当时，清朝政治腐败，灾荒频繁，农民起义风起云涌，洪秀全金田起义，群雄响应。刘永福兄弟在1857年加入了天地会，投身农民起义的行列。由于刘永福胆艺过人，深得部下爱戴和拥护，不久就成为吴亚终农民军中坐第三把交椅的"三哥头"。刘永福着手操练士兵，整肃纪律，选择人才，统一军令。当时他扎营在归顺州（今靖西）安德圩的北帝庙，看见北帝神像旁边有一面绘着"北斗七星"图案、镶有狗牙白边的黑色三角旗，觉得这旗帜很霸气，就仿造了黑旗作为自己队伍的旗帜。从此以后，这支队伍就举着这面黑旗作战，人们称之为黑旗军。后来他们被清军围剿，刘永福带领黑旗军进入了越南的保胜（今越南老街）地区，开山设寨，辟田屯兵。黑旗军经过二十多年的经营，队伍发展到两千多人，由于军纪严明，深受当地群众的拥护。

"但是，我们如果不去打法国人，更加危险啊！"刘永福对参谋说，"法国人就是想把越南变成他们的殖民地，采用蚕食鲸吞的手段，不断发动侵略战争，然后强迫越南赔款割地。越南亡国了，我们黑旗军连立足之地也没有了。打法国人，既是帮越南人，更是帮我们自己！"

决心一下，刘永福召见了越王的使者，答应马上出兵支援越王。

不久，刘永福亲自率领两千人马，翻越宣光大岭，日夜兼程，南下抗击法军。

1873年12月21日，黑旗军在河内郊外罗池与安邺的殖民军正式开战。法军按照步兵战术，排好"一"字雁队，分前后两排。他们的打法是：前排持枪瞄准射击，后排蹲跪填装弹药。前排打完枪后蹲跪填装弹药，后排站起打枪，如此轮番射击，交替前进。这是法军当时非常有效的战术。

刘永福传令全军沉着应战，他先派出一部分兵力向左右两侧运动，迂回包围敌人；接着又出动敢死队在正面迎敌，双方接火后，黑旗军假装败退，引诱敌人深入伏击圈。法军见黑旗军一击即溃，便大摇大摆直追过来。黑旗军见敌人进入伏击圈，霎时间伏兵四起，杀声震天，双方展开惨烈的白刃战。这时，法军的火枪起不了什么作用，擅长近身搏击的黑旗军打得法军抱头鼠窜，败不成阵，缩回河内城。黑旗军的先锋吴凤典横冲直撞，如入无人之

境，还击毙了有"战争狂人"称号的法军首领安邺。

这一仗，黑旗军缴获法军枪械一百多支，弹药一批，取得了"诱斩安邺，覆其全军"的大捷。后来，法军被逼退出河内。这是刘永福捍卫中国边疆、支援友邦抗法的首次战功。

李威利的一撮头发

河内首战全胜，越南境内稍得安宁，推迟了法国殖民者并吞越南，觊觎中国的进程。

事隔十年之后，法国国会在1883年拨款五百五十万法郎作为侵略越南的经费，任命李威利为侵略军总司令，率领法军两千人先后攻占了河内和南定。接着又分兵进犯越南当时的首都顺化及北宁、山西，越南局势岌岌可危。越军望风披靡，清军观望不前。刘永福满怀"为越南平寇，为祖国屏边"的宏愿，于5月6日率领黑旗军三千人挺进河内，会同越军把河内城围得水泄不通。

这天，法军统帅李威利带领法军冲杀出城，他们在纸桥（越南地名）远远地进行了一番射击之后，发现黑旗军的大刀队纷纷扑倒在地。他们冲过来察看，发现倒地的黑旗军个个身上鲜血淋漓，以为他们都被打死了，便不顾而去，继续追杀逃跑的黑旗军。没想到，他们跑了没几步，原先倒地的黑旗军一个个都"翻生"了，他们猛地从地上跃起，手执大刀从后面砍杀法军。法军统帅李威利顿时傻了眼，这些黑旗军刚才不是都被打死了吗？怎么又都"翻生"了？腹背受敌的法军陷入了重围，枪炮已不起作用，他们被砍得鬼哭狼嚎。

原来，这条"翻生计"是刘永福的奇招：他让一部分黑旗军大刀队预先备好猪血、朱砂，等法军的枪声一响就马上倒在地上，迅速将预备好的猪血、朱砂涂在自己的身上，假装战死……贪胜不知输的法军见黑旗军"死"了，也没细细分辨，就越过他们的"尸体"向前冲，结果掉入了刘永福安排好的陷阱。

在这举世闻名的"纸桥之役"中，法军统帅李威利也被黑旗军的大刀队剁成肉饼。一名黑旗军士兵割下李威利的一撮头发，将它献给了刘永福。刘永福十分高兴，把李威利的这一撮头发装在一个金盒里，作为打败法军的纪念品。

这一仗，黑旗军打死敌军总司令李威利和校官副司令韦医及其他军官三十多名，打死法兵二百多名，夺得军械弹药无数。越王为了表彰刘永福纸桥大捷的军功，晋升他为三宣提督，加赐一等义勇男的爵号。

不吃狗肉谢义犬

法军惨败的消息传到巴黎，法国当局惊慌失措，但又不肯善罢甘休，任命孤拔为司令统率兵舰四艘、陆军三千，再次侵犯越南。

他们兵分两路：一路由孤拔指挥，再度进攻顺化；一路由波特指挥，进攻驻扎在北圻的黑旗军。

一天中午，刘永福回到自己的房间休息。可他刚躺下，突然，屋外的大黄狗边吠边追进房间，咬着他的裤腿就往外拽。

刘永福不胜其烦，把狗赶出了房门。

但是大黄狗不死心，又追了进来，再次咬住他的衣服，把他死命往外拖。

"咦，难道大黄狗发现了什么危险要救我离开这里？"刘永福心想。于是，他警觉起来，跟着大黄狗到门外想看个究竟。谁料，他刚迈出房门，身后传来了一声巨响，他回头一看，只见睡房顷刻间被炸得粉碎！

原来，法军打不过黑旗军，于是收买了在刘永福家里做帮工的越南佣人，在他的床底下放了一桶炸药，并插上一支点燃了的香，企图趁刘永福午睡时炸死他。

惊险过后，刘永福拍拍大黄狗的头，感激它的救命之恩。从此，刘永福立下一条家规：不准杀狗、吃狗肉。

后来，这条大黄狗跟着刘永福回到广州，等它老死后，刘永福把它葬在广州的横枝岗上，还为它筑了一个坟，在旁边建了一个凉亭纪念这条救过自己性命的义犬。

这时，越王阮福时病死了，越南国内发生内讧，再无能力抗击法国人。刘永福面对法国殖民者的野蛮行径，义愤填膺，指出殖民者"不独虐越，实欺中国"，立誓坚决"为中国捍蔽边疆""为越南剿平敌寇"。

1883年的夏秋之际，刘永福率部与法军进行了空前激烈的怀德之战。黑旗军武器差劣，新式的后腔快枪和开花弹大炮为数不多，大部分是简陋的粉枪、铁炮，还有部分大刀、长矛。法国侵略军"船坚炮利"，一式全新的枪炮，水上还有铁壳舰。但经过一场恶战，波特还是吃了败仗。他为了挽回面子，使出了极其阴险毒辣、惨无人道的伎俩，深夜炸毁了河堤，使怀德府方圆数百里顿成泽国。在这万分危急的关头，越南的群众撑来一批木船、竹筏，把黑旗军救护到地势较高的丹凤县。

8月底，波特又率领法军三四千人，配备军舰十一艘、大木船九艘，分水陆两路进攻丹凤县。刘永福派黄守忠、邓士昌紧急带兵前去迎敌，两军在堤围上发生遭遇战。基围内水深没顶，河堤狭窄，弹雨密集，法国兵舰又从江面发炮轰击，黑旗军前后受敌，形势非常危急。刘永福派人向清军求援，但清军按兵不动，催促多次才调拨子弹一万发，派了两营士兵来支援。双方血战三日三夜，黑旗军艰苦卓绝，不吃饭，不睡觉，不休息，最终转守为攻，歼灭法兵一千多人。

正在这时，孤拔带领的另一路法军在东线战场上攻陷了顺化，强迫越南政府在《顺化条约》上签字，被迫开放红河和割让保胜给法国，责令刘永福退兵。刘永福虽然满腔怨愤，但无奈只好退兵。

忍气罢兵

援越的清军畏法军如虎，苟且偷安，相继退出北宁、宣光等重镇，龟缩在广西边境。1884年，法国派海军舰队突然袭击中国福建的马尾军港和船厂，清政府被迫下令正式对法国宣战。8月，清政府封刘永福为记名提督并赏戴花翎，将原先看作是流寇的黑旗军收编为正式的清军。中法战争进入紧张阶段，刘永福先后派人回广西博白招募壮丁数百人扩充黑旗军。

1885年3月23日，法军进攻临洮。刘永福联络奉命抗法的滇军和越南义勇队共同阻击来犯之敌。鏖战一日两夜，敌军精疲力竭，死伤惨重，只得趁着黑夜潜逃。刘永福立刻挥师乘胜进击，连克临洮府和广威府等十余个州县，有力地策应了东路的抗法清军，转败为胜。冯子材在镇南关大败法军，还光复了谅山、高平等重镇，扭转了战局，打击了法国侵略者的嚣张气焰。但由于越南王朝和清朝政府腐败昏庸，同年4月19日宣布停战，前方的将士只好忍气罢兵。

清政府为了逼刘永福率部回国，一个月内就连下九次"上谕"，采取胁迫利诱、恩威兼施的手法，赐予刘永福"依博德恩巴图鲁"和"三代一品封典"的荣誉。1885年12月，刘永福奉命带领黑旗军一千五百人顺水东下，直抵广州，驻扎在燕塘。直到今天，广州还有一条永福路，来纪念"黑旗军骁将"刘永福。

黄飞鸿："佛山黄师傅"

在香港拍的武打电影中，有一位南拳名家的故事被拍了一百多套，创下以同一题材拍摄最多电影的世界纪录。这些电影为我们塑造了他不可遏抑的堂堂威仪和虎虎生气。这位一生以弘扬国粹、振兴岭南武术为己任的功夫高手，就是"佛山黄师傅"黄飞鸿。

一战成名的"少年英雄"

"锵锵锵……"这一天，在佛山闹市的一条路上响起了铜锣声，"广东十虎之一的黄麒英的儿子黄飞鸿要为大家献艺啦！各位街坊，过来看看啦！"

当行人听到"广东十虎之一的黄麒英"时，还有人停住脚步，可听说是他的儿子在表演，行人就加快脚步走开了。

清朝末年的佛山是中国四大名镇之一，商贸发达，大家都忙着做生意，加上这个镇上汇集了许多武林高手，一个

没有名气的小孩子在表演武术，确实难以引起行人的兴趣。

12岁的黄飞鸿手提一根"四象标龙棍"站了出来，他也不管有没有人看，先将一根棍棒舞得虎虎生威。

生在武术之乡的黄飞鸿从小就喜欢武术，加上父亲又是武林高手，他想不习武那是不可能的。黄飞鸿很有习武的天分，父亲教他武功的时候，只要教一遍他就会了。七八岁的时候，黄飞鸿开始跟着父亲到佛山街头卖艺。

黄飞鸿（1847—1925），原名黄锡祥，祖籍广东南海县，出生于广东南海县佛山镇。岭南武术宗师及名医，南拳流派中洪拳的名家

"住手！"忽然，一声雷鸣般的呼喝响起。

一个身形壮实的中年汉子在黄飞鸿面前现身了。"你知道我是谁吗？竟敢在我的地头卖艺，你有几条命啊？不怕死啊？"

黄飞鸿停住手，定睛一看，原来是擅长使一根"钓鱼棍"的武师郑大雄。黄飞鸿向郑大雄抱拳一拱行了个礼，说："原来是郑师傅。失敬！失敬！"

"知道这是我的地头还不走！"郑大雄叱道。

这时，行人见到街头有人在对骂，便围过来看热闹。

黄飞鸿对周围的人说："如果这地上写着'这是郑大雄的地头'，我就走开，但没写啊。凭什么要我走开？"

看见黄飞鸿不服软，郑大雄气得咬牙切齿，说："那好，我们就按江湖规矩来办，比武谁输了谁走开！"

郑大雄平时欺行霸市，黄飞鸿决心要教训教训他。

"比就比，谁怕谁啊？"黄飞鸿说。

"好哇，我今天非要教训教训你小子不可！"郑大雄手持"钓鱼棍"，指着黄飞鸿手中的"四象标龙棍"说："就凭你手中这根生虫拐杖就敢和我斗？看招！"

郑大雄的棍劈头就朝黄飞鸿打来。黄飞鸿见他来势凶猛，先是闪避了几下，然后看准郑大雄一个空当，一棍捅在他的软肋上。"哎哟！"郑大雄"砰嘭"一下倒在地上。

黄飞鸿上前，一脚踏住郑大雄的头，厉声道："说，这地头是谁的？"他的话像坚硬的平头钉，高举着手中的棍子作势要打下去。

"你的！你的！"郑大雄抱着肋部在抽搐，像一只受了重伤的青蛙。

"飞鸿！住手！我们得饶人处且饶人！"这时，黄麒英站了出来，他一手挡住黄飞鸿的棍子，一手从地上扶起郑大雄。虽然他很瞧不起郑大雄的所作所为，但还是说，"郑师傅，我教子无方，得罪了！"

郑大雄见是老英雄黄麒英，呆了一下，连忙说："我不知道他是你的公子！对不起！他的功夫了得，以后必成

大器！"

这一次街头比武，黄飞鸿一战成名，在江湖上赢得了"少年英雄"的美名。

好打抱不平

16岁那年，黄飞鸿和父亲移居广州。

当时广州西关一带有不少打铜、打铁的铺子，打铜、打铁行业的工人都喜欢学习武术，因为黄飞鸿父子武艺高强，又好打抱不平，非常受工人们的拥戴。他们自愿集资，为黄飞鸿父子在广州西关第七甫水脚开设了武馆。因为黄飞鸿父子的名气，前来报名学艺的人络绎不绝。从此，黄飞鸿广收弟子，结束了卖武的流浪生涯。第二年，因为信服他的人品和武艺，广州果栏、菜栏、鱼栏三栏行业的工人联名聘请黄飞鸿做他们行业中的武术教练。

第七甫水脚

三年后的一天，黄飞鸿回家乡西樵访友。他来到官山圩的时候，天已黑了。吃过晚饭，他便打算在旅舍早点休息，以便第二天继续赶路。

忽然，窗外传来一阵喊叫声："打劫啊！有人打劫啊！救命啊！"

黄飞鸿正要出去看看，店小二拉住他，怯惧地说："这里强盗很多，你多管闲事，肯定是送死的。"

黄飞鸿面露苦笑："人人都像你这样只顾自己，难怪强盗横行！"

黄飞鸿一扬手，甩开店小二拉住自己的手，走到街上。

原来，是一家当铺被一伙歹徒打劫!

"喂，你们抢东西，有没有问过我黄飞鸿同不同意啊？"突然，在七八个歹徒的背后，响起了一把气咻咻的声音。他们回头一看，呵，原来是一个20岁左右的青年！月光下，只见他抱臂而立，凝视着他们，嘴唇抿成了"一"字形。

歹徒中为首的一个吓了一跳，可当看清楚对手只有一个人的时候，表情一下子绷紧，脸上立刻现出狰狞的微笑："小兄弟，你真是不知个'死'字怎么写吧！我来教教你！"

这个歹徒扬了扬手中的刀，向黄飞鸿冲过来，像扑向猎物的豹子，眼露凶光。

"刀！他有刀！"黄飞鸿留意到歹徒有凶器，他的心一下子就收紧了。

歹徒冲了过来，右手握刀朝黄飞鸿便刺。黄飞鸿的右脚向右边横踏一步，拖动左脚成右弓步；左手拨开歹徒左手，右掌向他的头部击落。歹徒的刀扑空了，又被黄飞鸿侧身一使劲，他就像一张飞舞的纸一样倒在了地上！黄飞鸿这一招叫"左分漏手"，是他的武术绝学"虎鹤双形拳"中的一招，专门拆解"猛虎下山"的，厉害得很。

其余几个歹徒虽然觉得黄飞鸿功夫不俗，但他们认为一拥而上是能够打败黄飞鸿的。于是他们发声喊着，成扇形包围了黄飞鸿。

黄飞鸿一双腿变成两把铁扫把，左右开弓，向歹徒们大扫一番。

一个歹徒逼近过来，黄飞鸿一招"指定中原"，向对方的脸打去，歹徒的脸立即满脸窜花。旁边又一个歹徒扑上来，黄飞鸿又使出一招"鹤嘴沉肘"，双手变成鹤嘴手，右手勾开对方的右拳，左勾手啄对方的右眼。歹徒害怕了，身体一缩，额头"笃"的一响中了这一招，头上霎时冒起了一个泡，肿得像丹顶鹤。

另一个歹徒从左侧袭击黄飞鸿。他摆出一招"退马劈捶"，后退一步成右弓步，右手握拳向后摆，左手握拳向前斜劈对方左臂。歹徒倒在地上，右边膝盖磕破了，活像个裂开的

🔹 广州西关泮塘

石榴，肉里现出白棱棱的骨头……

其他歹徒看见黄飞鸿这么神勇，都抱头鼠窜……

恶狗服粗棍

"'铁线拳'是一套养生拳种，以运动肢干、畅通血脉为主，具有壮魄健体、反弱为强的功能。练此拳法要求动中有静，静中有动；放而不放，留而不留；疾而不乱，徐而不弛。无论男女老少，皆能习之，恒久练习，有祛病延年之效……"

黄飞鸿功夫了得，武德也好，平时从不仗势欺人。他教学生练功，主要是用作强身健体。不过，说到民族大义的大事，他是一点也不含糊的。

1867年的一天傍晚，黄飞鸿在广州的武馆里教授学生学习"铁线拳"。吃晚饭时，一个学生对黄飞鸿说："黄师傅，我知道你功夫了得，可惜你在广州……"

黄飞鸿觉得奇怪，问他有什么事情。

"我有一位朋友从香港来省城（指广州市），他说在香港，有一个洋人从国外带来一条大狼狗。这条狗非比寻常，个头像小牛犊那么大，而且凶猛异常。那洋人在香港设下擂台，向华人发出比武的邀请函。可是，竟然没有人敢应战。"那个学生无奈地说，"那个洋人还说：'中国人连狗都打不过，真是狗都不如！'"

黄飞鸿一听，额头的血管都绷了起来，他的眼睛里烧起一股灼灼怒火："呼！"他拍案而起，说："这个洋人竟敢如此侮辱我们中国人！我一定要管这件事！"

第二天，黄飞鸿收拾行囊直奔香港。

坐在擂台椅子上的是一个洋人，他生得肩宽胸厚，四肢健壮，红头发，胡子拉碴，阔嘴大鼻。他的身边就蹲着那条狗。

黄飞鸿跳上擂台时，吓了那洋人一跳。他耸了耸肩膀，轻蔑地笑了笑，用不纯正的粤语说："中国人中，算你是个有种的人，不过，也就是来送死的！"

黄飞鸿将双手的手指关节捏得嘎巴嘎巴响，他用桀骜不驯的眼神盯着那洋人说："别说那么多废话！放狗过来吧！"

洋人指了指黄飞鸿，吹了一声口哨，猛一拍那条大狗的背，大狗便扑了上来。

黄飞鸿甩掉上衣，露出扇子形健硕的身材，他那双老虎钳一般的手在空中耍着花招，一双眼却死命地盯住那条大狗，像要捉住它的目光。

那条大狗见黄飞鸿并没威胁性，向前就扑了上来想咬他的咽喉。黄飞鸿忽地伏在擂台的台面，像猴子一样转身爬行，就在那条大狗一错愕时，黄飞鸿的右脚向后一撩，踢中了它的腹部！这电光火石的一击，它哪里防得了？大狗倒在擂台上，四只脚撑了几下就毙命了！

"哗！这招'猴行拐脚'厉害啊！"围观的人热情高涨，大家被黄飞鸿的神勇震惊了，"打洋人！打洋人！打到他变成猪头喇叭嘴！"

黄飞鸿定睛寻找那个洋人，竟然不见了人影。原来，他见黄飞鸿这么厉害，早就吓得灰溜溜地逃走了。

黄飞鸿这招厉害的"猴行拐脚"，就是后来人们传说的"佛山无影脚"。它发招前，先以手使出快招让敌人眼花缭乱，待对方的注意力全部被吸引，忽然起脚攻击其下部。此招凶狠异常，黄飞鸿一般是不会使用的。

黄飞鸿在香港使出绝招"佛山无影脚"击毙恶狗后，他功夫了得、为国争光的名声从此传遍了省港澳。

广东十虎

清末，广东省有十位武功极高、受人尊敬的武林怪杰，被称为"广东十虎"。他们分别是：王隐林、黄澄可、苏黑虎、黄麒英、周泰、谭济筠、黎仁超、陈铁志、苏灿、梁坤。

由于清代末年内忧外患，社会动荡不堪，清政府根本无力保护良民，广东的治安更为恶劣。人们为了保护自己，纷纷习武，各村镇行会争相聘请武术高强的武师任教，一来为了保护自身利益，二来亦可使子弟强身健体，所以一时之间练武之风炽盛，许多武馆相继设立，而且公开招揽学生。"广东十虎"就成名于这段时期。

邓世昌：海疆英魂

　　1894年9月17日，日本舰队突然袭击中国舰队，一场海战打响了，这就是著名的中日"黄海大战"。战斗中，日本的军舰包围过来，清军的"致远号"受了重创，并开始倾斜。在这个关键的时刻，最要命的是"致远号"上的炮弹都打光了。这时，"致远号"上的一位清军将领攥紧拳头，用坚决的话语对部下高声喊道："我们就是死，也要死出中国海军的威风，我们报国的时刻到了！"然后，他下令"致远号"开足马力向日本的军舰"吉野号"冲过去，要和它同归于尽……这位保家卫国，视死如归的将领就是邓世昌。

"世昌"出世

　　1849年10月4日，一个男孩在广东番禺县龙导尾乡（今广州海珠区龙导尾街）出世了。

　　男孩的父亲叫邓焕庄，是一个专营茶叶生意的老板。

一开始，邓焕庄为这个男孩起了个"永昌"的名字，过了不久又改为"世昌"。

"我在广州、上海、香港等地都开设过'祥发源'茶庄，我希望邓氏的家业永远昌盛，就给我们的独生子起名为邓永昌。"邓焕庄向亲友们解释自己原先给儿子起名"永昌"的原因，"可我发现，现在世道黑暗，战乱不止，要想家业兴旺谈何容易！这离不

邓世昌（1849—1894），原名永昌，广东番禺人。清末海军的杰出爱国将领，在黄海与日寇海战中为国捐躯

开时势和国运的大环境，所以，我将儿子的名字改为'世昌'。"邓焕庄说出了儿子改名的原因。

邓世昌从小资质聪颖，勤奋好学。在他11岁时，父亲就对他说："现在的中国已经不是封闭的了。你看，广州就有很多外国人来做生意，我打算送你去教会学校学习英文。"

"这个……"在一旁的邓世昌母亲郭氏听了，面露忧色。

邓焕庄向邓世昌解释说："将来的世界，会是一个各国互相沟通的世界。我觉得，无论你将来是继承我的家业，还是从事别的事业，都必须学习英文，进而学习外国先进科学知识。"

　　"好啊！"对世界充满好奇的邓世昌兴奋地回答。

　　父亲把邓世昌带到上海，让他进入教会学校，跟外国人学习英语、算术。邓世昌接受新知识的能力很强，学业进步很快，在很短的时间内就能与洋老师对话，并能阅读英、美原版的书籍。洋老师对他十分欣赏，很喜欢这个聪明伶俐的学生。

　　1867年，清朝官员沈葆桢出任福州马尾船政大臣，同时开办前学堂制造班和后学堂驾驶管轮班。学堂的生源主要是福建本地资质聪颖、粗通文字的16岁以下学生。后来由于生源不足，招生一直扩展到广东、香港一带，并将年龄的要求放宽到20岁。18岁的邓世昌听到这个消息后，立即禀告父亲，要求报考。思想开明的父亲毫不犹豫地答应了他的请求。

　　于是，邓世昌参加了这次海军的征兵考试，以优异的成绩顺利考取了驾驶专业。

　　驾驶专业的学生除了要学习英语、数学等课程外，还要学习航海天文学、航行理论和地理。经过五年的堂课学习后，邓世昌完成了第一阶段的学习。

　　课堂教育只是海军教育的第一步。要成为一名合格的海军军官，还必须登上练习舰进行实习。1873年，24岁的邓世昌和其他同学一起登上了"建威号"练习舰，开始渴望已久的海上远航。这次远航实习，邓世昌先后到过厦门、香港、新加坡、槟榔屿，历时四个月。海天荡漾，有时数日不见远山，有时岛屿萦回，练习舰经受了各种考验。经过两年的舰课实习后，邓世昌终于从福州船政学堂毕业了。

让世界知道中国也有海军

1880年年初，清朝大臣李鸿章为兴办北洋海军，派马建忠去考察、招收水师人才。马建忠奉命前往福建，他听到了各方面对邓世昌的赞誉，并到邓世昌所带的"飞霆"蚊炮船（一种快捷但有很强火力的战舰）察看。他亲眼见到了邓世昌的兵船被管理得井然有序，士卒训练有素，纪律严明。他还多次与邓世昌交谈，对邓世昌给予了很高的评价。

马建忠向李鸿章汇报，并推荐邓世昌："他熟悉管理战舰的工作，是海军不易得的人才啊！"于是李鸿章将邓世昌调到了北洋海军，任"镇南"蚊炮船管带（即舰长）。

1880年，北洋水师在英国订购的"超勇""扬威"两艘巡洋舰完工，丁汝昌率领海军官兵二百多人去英国接收舰只，邓世昌也随同前往。

邓世昌十分珍惜这次去英国接收舰只的机会，因为他从福州船政学堂毕业后军务缠身，一直未能到欧洲留学深造。"我这次到英国接收舰只，要努力学习，以补充新的知识。"邓世昌是带着学习的心态出国的。

邓世昌利用各种机会游历了英国的工业城市，看到了机器大生产的宏伟壮观场面；他游历了英国海军的主要基地、港口，看到了各种巨型战舰，领略了世界上最强大的海军是什么模样；他学习研究了英国皇家海军的规章制度和练兵之法，看到了北洋舰队在训练和管理上的巨大差距；他学习研究了英国海军的发展历史，尤其是仔细寻找他们称霸海洋一个多世纪的秘密。他到了格林尼治，参观了英国皇家海军学院……他认真考察西方海军的情况，悉心学习外国先进的军事技术和经验，将外国的军事装备和训练方法细心地加以研究，取其长处，为己所用。

1881年，"超勇""扬威"巡洋舰从英国纽卡斯尔港起航，开始了由英国到中国的漫长航行。这是中国海军首次驾驶军舰航行北大西洋—地中海—苏伊士运河—印度洋—西太平洋。军舰经过的沿途各国，才知道中国也有海军，都鸣礼炮致敬。

这次清朝海军到国外接收舰只，派出的操舰管带是整个海军中最出类拔萃的。其中，邓世昌操纵"扬威"舰。他们在回国途中经历了无数惊险，终于在11月22日抵达了天津的大沽口。

这次出洋，邓世昌不仅开阔了眼界，也增加了许多学识。

爱国军人的骄傲

邓世昌是中国最早一批海军军官之一，是清朝北洋舰队中"致远号"的舰长。他有着强烈的爱国心，常对士兵们说："人哪有不死的？但我希望死得其所，死得值！"

1894年，中国和日本之间爆发了甲午战争。邓世昌多次表示："在海上和日本舰队相遇，假如我的'致远号'遇到了危险，我就和它同沉大海！"

1894年9月17日，日本舰队突然袭击中国舰队，著名的中日"黄海大战"打响了。战斗中，清军担任指挥的旗舰被日本舰队击伤，大旗也被击落。邓世昌立即下令在自己的舰上升起旗帜，成功吸引了敌舰的注意力。

邓世昌指挥的"致远号"在战斗中最英勇，前后火炮一齐开火，连连击中日舰。日舰以为这是清军的指挥舰，于是包围过来，"致远号"中炮受了重伤，舰身开始倾斜，而最要命的是这时候"致远号"上的炮弹也打光了。

🕂 黄海大战

邓世昌感到最后时刻到了，他大声地对部下说："我们就是死，也要亮出中国海军的威风，报国的时刻到了！"

邓世昌下令："开足马力，向'吉野号'冲过去，我们跟它拼了！"

中国海军这种视死如归的大无畏气概把日本人吓呆了。眼看"致远号"就要撞上"吉野号"，突然，一发炮弹击中了"致远号"的鱼雷发射管，使管内的鱼雷发生爆炸，"致远号"悲壮地沉没了。舰上的200多名官兵坠入海中。邓世昌的随从将一个救生圈抛给了他。邓世昌坚持不接，他把救生圈让给了别人。

这时，邓世昌的一条爱犬"太阳"也飞速向他游来，叼住了他的衣服，使他无法下沉。大浪滔天，邓世昌看着自己的部下都没有了生还的可能，他狠了狠心，将爱犬按入水中，自己也一起沉入海水中……邓世昌为国家献出了自己宝贵的生命。

◆ "致远号"巡洋舰

康有为：南海"狂生"

1858年3月19日，一个男孩在广东省南海县的一个书香门第出生了。男孩聪明好学，小小年纪就才思敏捷，博闻强记。不喜欢科举的他从14岁开始被迫参加科举的初级考试"童子试"，但常常名落孙山。在当时，不喜欢科举的读书人，可以说是离经叛道的狂人。这个被旁人视为忤逆仔的男孩，就是有南海"狂生"之称的康有为。

西樵山奇遇

一年春天，西樵山来了一位叫张鼎华的人。他在山间漫步，发现这里虽然飞瀑流泉，幽谷翠嶂，风景秀丽，可在他看来，都只是一些普通山水。

原来，番禺人张鼎华少年时就被誉为"神童"，他13岁登名科举，32岁时做翰林院编修，以文学名噪北京城。见惯世面的张鼎华这次回广东，听说西樵山不错，便来游玩，没想到这座山并没有想象的好。

张鼎华正感到失望，当他行经一处飞瀑时，忽然看到瀑布旁的石头上有个年轻人在静坐读书。有人告诉张鼎华，这个人叫康有为，只有二十多岁："他是名师朱次琦的学生，饱读经书，但不喜欢科举。多次落第后，便躲到这里专心致志修身养性，说是来寻找救国的道

👆 康有为（1858—1927），广东南海人，人称"康南海"，清光绪年间进士，官授工部主事。近代著名的政治家、思想家、社会改革家、学者

路。他经常在山野中啸歌吟诗，整天披头散发，累了就枕着石头睡觉；有时又整个月都不睡觉，夜夜放纵自己的思想，说是要亲自体验天上、人间的极苦与极乐……"

张鼎华顿时眼前一亮。他最欣赏有才气的读书人，便与康有为攀谈了起来。

"你整天在山里依靠佛道的书籍面壁参禅，觉得凭这些旧东西可以创立新的国家制度吗？可以抗衡外国列强的侵略吗？"张鼎华看出年轻的康有为处于情绪急躁的状态中，在社会矛盾和个人矛盾的关系中找不到出路，异常彷徨痛苦，于是幽了康有为一默。

康有为听了，呆了一下，心想：我虽然看到了国

家的积弱，入山读书是想要找到救国的道理，但如果打破了旧制度，我凭什么建立新的制度呢？想到了破，却未能想到立，康有为霎时明白了自己的不足。一向傲慢与轻狂的他立刻像一条被点了睛的龙，整个人震颤了一下。他向张鼎华恭恭敬敬地作了一个揖："谢谢张先生指点迷津！"

张鼎华回到广州后，对朋友们说："我去西樵只见到一座土山，最大的收获是遇到一个奇人康有为！"他的话让许多人知道了康有为。

康有为也非常佩服张鼎华的学问，他们经常书信往来，成为好朋友。

康有为觉得自己虽然身负救国救民的重任，有经营天下的志气，但还要有新知识才好，因此决定以洋人为师。为此，他刻苦钻研一些介绍西方世界的书和游记，比如《西国近事汇编》和《环游地球新录》等，从中了解西方的政治制度和民俗习惯。他希望从西方文化中获取智慧，以弥补自己国家的短处，从而实现国家的进步和人民的幸福。

1888年夏天，张鼎华来信，邀请康有为到京城游玩。正巧康有为也打算参加这年秋天在北京举行的顺天府乡试。于是，他踏上了漫漫征途。

顺天府乡试一结束，康有为以初生牛犊不怕虎的精神，向执掌大权的官员陈述自己的变法主张，希望影响朝廷的政策。他敢于直言和革新的精神得到了开明官吏和文人志士的广泛认同，同时也激起了保守、腐败官员的不满和愤怒。结果是，康有为乡试的成绩虽好，也未能中举。根据康有为的试卷，考官们最初判为第三名，但大学士徐桐认为乱说话的康有为"不可中"。于是康有为落榜了。

乡试的落榜，更使康有为亲身感受到了清朝政治的黑暗和官吏的腐败，他原来变法革新的想法也更加强烈了。康有为不顾禁令，向光绪皇帝上书《为国势危蹙祖陵奇变请下诏罪己及时图变折》，列举了中国面临的危机，请求变法改革。后来，人们把这份上书称作《上清帝第一书》。

康有为在这篇充满爱国激情的奏折中，清楚地表述了自己对国家内忧外患的看法，第一次公开了自己救亡图存、变法维新的主张，指出只有变法和吸纳贤士才能挽救民族危亡。

万木草堂的快乐日子

1890年春天，康有为回到广州，搬进了祖屋"云衢书屋"。在一腔救国救民的热情在京城遭到冷遇之后，他准备在这里读读书，过上一段安静的日子。"笃笃笃"，听到敲门声，康有为心里纳闷："我是悄悄回广州的，谁会来找我呢？"

来人叫陈千秋，是广州著名书院学海堂的学生，听说康有为学识渊博，尤其是曾经敢于直言上书，便专程登门拜访。"康先生，你在北京上书的消息早已传遍了广东学界，我非常敬佩先生的爱国热情！"

康有为对陈千秋的拜访十分高兴，便和他侃侃而谈，尤其是向陈千秋谈了自己的改革思想。听了这些在书院中不可能听到的新鲜议论，陈千秋茅塞顿开，被康有为渊博的学识和精湛的见解折服了。

陈千秋回到书院后，越来越不能忍受书院中学习八股文的枯燥生活，于是，他来到云衢书屋，正式拜康有为为师。随后陈千秋又向自己的同窗好友梁启超讲述了自己与康有为会面的事，令梁启超兴奋得一夜未眠。后来梁启超也成了康有为的弟子。

1891年春天，应陈千秋、梁启超等人的邀请，康有为在长兴里的"邱氏书屋"开堂讲学。来求学的人不断增加，一年后，康有为不得不搬到广府学宫文昌殿后的仰高祠（今广州市工人文化宫）。康有为正式给学堂命名为"万木草堂"，有培植万木成为祖国栋梁的意思。

万木草堂的学生除了听康有为讲课外，主要的时间是自学，包括读书、写笔记。学生们读的书非常庞杂，不仅要读大量的中国古书，还要读一些外国的书，如容闳、李提摩太等人翻译的书。

在生活上，康有为管得很松，学生们十分随便，不太讲究，课余生活也是丰富多彩。例如，当时广州的读书人都穿白色的夏布长衫，但万木草堂的学生觉得白色的夏布不耐脏，都改穿蓝色的夏布长衫，这在广州城中独具特色。万木草堂的学生情同手足，互相尊重，极少发生不愉快的事情。此外，康有为也把自己旅游览胜的喜好传染给他的学生们，并时常和他们一起郊游。

万木草堂的学生受康有为的影响，不肯参加科举考试，引起了长辈们的不满。康有为也很开明，便劝导学生应试科举，鼓励他们中试后可以广交天下豪杰，以实现自己的政治主张，解除人民的疾苦。在他的劝导下，学生

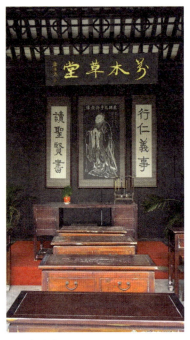

🔸 万木草堂

们越来越多地去参加科举考试，中秀才、举人的也有不少，康有为也在1893年考中举人。这为他们更好地宣传自己的政治思想打开了方便之门。

公车上书

"老师，朝中又发生了什么大事？"1895年4月下旬的一天，梁启超见到康有为紧皱着眉头在屋中踱步。他非

🔹 公车上书图

常了解自己的老师，一旦遇到不平的事，老师总会暴跳如雷。可这次，他竟然一声不吭地在踱步，一定是遇到非常难以解决的重大事情。"是不是《马关条约》……"聪明的梁启超已经猜得八九不离十了。

"对！"康有为双眼盯着梁启超，语气坚定地说，"我们得做点事情，不然我们的国家就完了……"

这年年初，康有为和弟子梁启超、梁小山一起入京参加会试。这时，日军正进一步侵略中国。早在中日谈判开始时，康有为就十分关注谈判的进程。他通过朝中的一些官员，较早得到谈判的消息。4月15日，当《马关条约》的草案电传到北京时，康有为就知道了条约的内容：中国将辽东半岛、台湾及澎湖列岛割让给日本；赔偿日本军费二亿两白银；允许日本人在中国各通商口岸办工厂；开放重庆、沙市、苏州、杭州为商埠……看到一条条宰割中国的条款，康有为感到无比愤慨，悲痛万分。

"我们不能让甲午中日战争以这样屈辱的结果告终！"康有为决定写一封信给光绪皇帝，希望他不要在《马关条约》上盖确认的御玺，"你去联络在京的18省举人，我们准备联名将一封信呈给光绪皇帝，实行'公车上书'！"康有为下决心要为国出力，他向梁启超下达了命令。

"公车"，在古代指官车，汉朝时是以公家马车运送应举的人，所以后来就以"公车"作为举人入京应试的代称。"公车上书"是一件壮举。梁启超很佩服老师的胆识，也突然觉得自己肩上扛起的救国担子非常沉重："好！我这就立刻去办！"

5月1日，1300多名举人聚集到松筠庵，庭园、回廊、大大小小的厅堂都挤满了人。康有为看到来人如此之多，完全出乎自己的意料，自然十分高兴。这时的他因为写作《上清帝第一书》和《新学伪经考》而为天下学者所熟知。当他发表慷慨激昂的演说时，举人们时而聚精会神，时而热血沸腾。他提出在两国交换和约之前，大家齐心协力，共上一书，阻止皇帝用御玺批准《马关条约》，得到了大家的一致赞成。随后梁启超诵读了康有为花了一日两夜赶写出来的长达18000多字的上书。举人们都觉得康有为讲得很深刻、很有道理，讲出了他们不敢讲的话，纷纷在《上皇帝书》上签名，并准备在5月4日举行18省举人联名上书的活动。

可是他们不知道，恭亲王、庆亲王、孙毓汶、徐用仪四位顽固守旧的官僚在慈禧太后的授意下逼迫光绪皇帝，于5月2日在《马关条约》盖上了御玺。5月3日，举人们得知和约已批的消息，群意涣散。虽然康有为竭力主张"力争以图万一"，但响应者却很少了。各省举人收回签名的有几百人。在这种情形下，"公车上书"流产了。

上书没能送达皇帝手里，从这个意义上来说，"公车上书"是失败的，但它产生的社会影响是巨大的。一方面，它给守旧派官僚以沉重的打击；另一方面，康有为洋洋万言的上书传遍了京城，各省举人争相传抄，美国公使也派人索要上书稿，这在国内外产生了不小的震动。

康有为在《上皇帝书》中提出了比较系统的具体变法纲领和措施，为后来的"戊戌变法"运动确立了基本框架。而康有为为国家忧心如焚、疾呼奔走的爱国者形象也从此深入人心。

詹天佑："中国铁路之父"

1881年，清政府突然取消了中国少年留学美国的计划，在此前回国的120名中国留学生中，获得学位的只有两人，其中有一位后来成为"中国铁路之父"，他就是詹天佑。

"洋翰林"的诱惑

1872年春季的一天，商人谭伯村特地从香港赶到位于广州西关詹天佑的家，他找到詹天佑的父亲詹兴藩，一脸兴奋地大叫大嚷道："我给你带来一个好消息！大清政府开禁了！容闳被派到香港主持'选送幼童出洋肄业'的招生工作，这是个留洋的好机会啊！我看天佑聪明啊，他从小就对机器十分感兴趣，常用泥土制造各种机器模型，还偷偷地把家里的自鸣钟拆开，摆弄里面的构件，提出一些连我们这些见多识广的大人也无法解答的问题。如果他去投考一定行，我是专门从香港赶来告诉你这个好消息的。"

詹兴藩笑了笑，并没有露出谭伯村期待的兴奋表情，他摆了摆手，让谭伯村在客厅的酸枝椅上落座，慢悠悠地道："为什么我家的天佑一定得去洋人的地方学习呢？"

谭伯村着急了："我知道你是希望天佑通过考科举，然后做官……这条老祖宗为我们的后代定下的成长道路，我看走不了多久。因为，洋人都有铁路、火轮、火

⊕ 詹天佑（1861—1919），出生于广东南海。中国近代著名的铁路工程专家

炮……"他指了指桌上的自鸣钟说，"你家里也有洋人的东西，你为什么不用滴漏？洋人的自鸣钟造得多精美、多先进啊！"

谭伯村长年在港澳做生意，见识过许多西方工业革命后所带来的新科技。

作为茶商的詹兴藩其实也是个思想开明的人，他觉得中国如果继续闭关锁国，做着天朝上国的美梦是不行的。"可是……"他迟疑地看着侍立在一旁的詹天佑，"他一个人去了洋人的地方，不知道会不会学坏。"

谭伯村转过头来问詹天佑："有机会去洋人的地方，去造像自鸣钟这样的机械，你愿不愿意啊？"

对外面的世界充满好奇的詹天佑说："当然愿意啊！"

"詹兄，天佑都愿意去了，我劝你不要放弃天佑留洋的机会。留洋归来就是'洋翰林'啊！"见詹兴藩迟疑不决，谭伯村一狠心说，"我答应你，让菊珍（谭菊珍，谭伯村的第四个女儿，后来成为詹天佑的夫人）许配给天佑，这下你可以放心了吧！"

就这样，詹天佑被谭伯村带到香港去报名。詹天佑幼年就读私塾，学习很好，他到香港报考幼童出洋预备班成功时虚龄才12岁。1872年8月11日，包括詹天佑在内的首批清朝官派留学幼童30人远赴美国。

"改行"也不忘修筑铁路

在美国，詹天佑目睹了美国科学技术的巨大成就，对机器、火车、轮船及电信制造业的迅速发展赞叹不已。有的同学由此对中国的前途而产生悲观情绪，詹天佑却怀着坚定的信念说："今后，中国也要有火车、轮船。"

詹天佑怀着要为祖国的富强而发奋学习的信念，刻苦学习，在1877年以优异的成绩毕业于纽海文中学，同年5月考入耶鲁大学土木工程系，专攻铁路工程。在大学的四年中，詹天佑刻苦学习，以突出的成绩在毕业考试中名列第一，并写出题为"码头起重机的研究"的毕业论文，获学士学位。1881年，在120名回国的中国留学生中，获得学位的只有詹天佑和唐绍仪两人。

回国后，詹天佑怀着满腔的热忱，准备把所学的本领贡献给祖国的铁路事业。但是，清政府洋务派的官员却过分迷信外国人，在修筑铁路时只会依靠洋人，竟不顾詹天佑的专业特长，把他差遣到福建水师学堂学驾驶海船。1882年11月他又被派往旗舰"扬威号"担任驾驶官，指挥操练。"哈！我这个修筑铁路的专才却被派去学开船，太浪费了！"突然要自己放弃所长，詹天佑像是被人猛浇了冷水，心也冷了。

1883年，中法战争爆发。第二年，为讨伐中国蓄谋已久的法国舰队陆续进入闽江，蠢蠢欲动。可是主管福建水师的投降派船政大臣何如璋却不闻不问，甚至下令："不准先行开炮，违者虽胜亦斩！"

詹天佑便悄悄对"扬威号"管带（舰长）张成说："法国兵船来了很多，我看他们没安什么好心。虽然我们接到命令不准先行开炮，但我们绝不能不预先做防备。"

当法国舰队发起突然袭击时，詹天佑冒着猛烈的炮火，沉着机智地指挥"扬威号"避开敌人炮火，抓住战机用尾炮击中了法国指挥舰"伏尔他号"……虽然詹天佑在战斗中显露出带兵打仗的才能，但他知道自己真正的才干是修筑铁路，所以他经朋友介绍，终于在1888年进入了中国铁路公司担任工程师。

这时天津—唐山铁路在施工，詹天佑不愿在天津待着，他亲临工地，与铁路工人同甘共苦，结果只用80天的

时间这条铁路就竣工通车了。

詹天佑长了中国人的志气

不久，詹天佑遇到了一次重大考验。

1890年，清政府要修筑关内外铁路（今京沈铁路），任命英国人金达做总工程师。

1892年，当时从天津到山海关的津榆铁路工程修到滦河边，需要建造一座横跨滦河的铁路桥。滦河的河床泥沙很深，这时又遇到水涨流急，要修筑桥梁并不易。

许多国家都想兜揽这桩生意，金达当然以英国人为先，但号称世界第一流的英国工程师喀克斯以建不成桥而失败告终。接着日本、德国的承包者也都遭到了失败。

"这么多人试过都建不成滦河的铁路桥，不如让我们中国人试一试？"詹天佑找到总工程师金达，语气诚恳地说。"中国人？"金达瞄了瞄詹天佑，迟疑着不知说什么好。

金达像一只热锅上的蚂蚁，在房间里转来转去。在他的概念里，落后的中国没有修筑铁路的人才，眼前这位詹天佑充其量只是个留学生，作为"老师"的英国工程师做不到的事，做"学生"的中国人能做得到？他是不相信的。"只是交工期限将至，何不让这个中国人试一试？"金达无奈地同意让詹天佑试一下。

终于从洋人手中争取到修筑铁路的工程，詹天佑决心全力以赴。

詹天佑认真分析了各国工程师失败的原因，又对滦河河底的地质土壤进行了周密的测量研究，发现他们在选桥的桩址上出了问题。

詹天佑决定改变桩址，他派中国的潜水员潜入河底，配以机器操作，最终顺利地完成了打桩任务，成功建成了滦河大桥。这一胜利大大长了中国人的志气。

后来，詹天佑又领导了京津路、萍醴路（萍乡至醴陵）等铁路的建设。1902年，袁世凯任命詹天佑为总工程师，为朝廷修建一条专供皇室祭祖用的新易铁路（高碑店至易县），这条铁路尽管价值不大，却是中国人自己修筑铁路的开山之作。

詹天佑非常重视这个工程，他彻底抛弃了当时外国人必须在路基修成之后风干一年才可铺轨的常规，仅用四个月的时间就以极省的费用建成新易铁路，大大鼓舞了中国人自建铁路的信心。

惊世的"人"字形路线

从北京到张家口的铁路长200千米，是连接华北和西北的交通要道。这是第一条完全由我国的工程技术人员设计施工的铁路干线，是在詹天佑主持下修筑成功的。

当初清政府提出修筑京张铁路的计划时，英国和沙俄都要争夺这条铁路的修筑权。他们谁也不肯让谁，事情

⚓ 京张铁路通车

争持了好久也得不到解决。最后他们提出一个条件：清政府如果用本国的工程师来修筑铁路，他们就不再过问。他们以为这样一要挟，铁路就没法子动工，最后还得求助于他们。

清政府见洋人提出这个方法，正好有台阶下了。因为清政府不敢得罪英国和沙俄的任何一方。

1905年，清政府任命詹天佑为总工程师修筑京张铁路。消息一传出来，全国轰动，大家说这一回咱们可争了一口气。

詹天佑清楚地知道这一任务的艰巨性，他首先必须顶住来自各方面的冷嘲热讽：有人说他是不自量力，有人说他胆大妄为。他在给自己的美国老师诺索朴夫人的信中就表示，如果京张工程失败的话，不但是詹天佑的不幸、中国工程师的不幸，也将同时带给中国很大损失。在詹天佑接受这一任务前后，许多外国人露骨地宣称中国工程师不能担当京张线的石方和山洞的艰巨工程，但是，詹天佑一定会坚持下去。

1905年8月，京张铁路正式开工，紧张的勘探、选线工作开始了。詹天佑亲自带着学生和工人，背着标杆、经纬仪，日夜奔波在崎岖的山岭上。一天傍晚，猛烈的西北风卷着沙石在八达岭上呼啸怒吼，刮得人睁不开眼睛，测量人员急着要结束工作，随意填上个数字，就从岩壁上爬下来。詹天佑接过本子，一边翻看填写的数字，一边疑惑地问："数据准确吗？""差不多。"测量人员回答说。

詹天佑严肃地说："我们的工作首先要精密，不能有一点马虎，'大概''差不多'这类说法不该出自工程人员之口。"

接着，他背起仪器，冒着风沙，又吃力地攀到岩壁上，认真地重新勘测了一遍，修正了一些误差。当他下来时，嘴唇都冻青了。

不久，勘探和施工进入了工程最困难的阶段。在八达岭、育龙桥一带，山峦重叠，陡壁悬岩，要开四条隧道，其中最长的达一千一百多米，是居庸关的三倍长。詹天佑经过精确的测量计算，决定采取分段施工法：从山的南北两端同时对凿，并在山的中段开一口大井，在井中再向南北两端对凿。这样既保证了施工质量，又加快了工程进度。凿洞时，大量的石块全靠人工一锹锹地挖，涌出的泉水要一担担地挑出来。身为总工程师的詹天佑毫无架子，与工人同挖石，同挑水，一身污泥一脸汗。他还鼓舞大家说："京张铁路是我们用自己的人、自己的钱修建的第一条铁路，全世界的眼睛都在看着我们，必须成功！""无论成功或失败，绝不是我们自己的成功和失败，而是我们国家的成功和失败！"

铁路经过青龙桥的附近，坡度特别大。火车怎样才能爬上这样的陡坡呢？詹天佑顺着山势，设计了一种"人"字形线路。北上的列车到了南口就用两个火车头，一个在前边拉，一个在后边推。过青龙桥时，列车向东北前进，过了"人"字形线路的岔道口就倒过来，原先推的火车头拉，原先拉的火车头推，使列车折向西北前进。这样一来，火车上山就容易得多了。

京张铁路原计划六年完成，但詹天佑提前了两年，在1909年8月11日就让它全线通车了，还节余了二十八万两银子。

⚓ 今天的青龙桥车站

梁启超："国士无双"

1889年8月，广州进行乡试，正考官为内阁学士李端棻，副主考为翰林院修撰王仁堪，试后，他们对这次中举的年纪最小、才十多岁的一位考生的答卷非常欣赏。他们从他的文章中看出他的才华、见识及胆略非比寻常。李端棻甚至说他是"国士无双"。获得这个特殊评价的考生，就是倡导"少年自由则国自由，少年进步则国进步"的名士梁启超。

咸鱼翻生

1882年11月的一天，刚满10岁的梁启超在家乡新会上了一条船，他要到广州赶考秀才。

梁启超坐在一条船上，西江的河水犹如一张漾着皱纹的大图纸，铺向船的前方，浪花欢乐地拍击着凹凸分明的堤岸。第一次离开家乡去省城广州的他眼里充满了新鲜感，身边滔滔的河水，载着他对未来的憧憬，滚滚向前奔流。

当时，广东的内河客轮还未通航，这条船是新会一群要去广州参加乡试的考生合资租的。船上坐着的赶考者多是四十来岁，梁启超在他们当中只是一个不起眼的小考生。

那时从新会到广州的水路要走三天。有一天，大家在船上吃午饭。当一碟香气四溢的蒸咸鱼摆到饭桌上时，大家眉飞色舞。蒸咸鱼可是广东人饭桌上的家常菜，梁启超正

梁启超（1873—1929），广东新会人，字卓如，号任公，又号饮冰室主人。近代中国民族主义的奠基人之一，在教育、史学和文学等诸多领域都有非凡的思想及学术贡献

要举起筷子去夹，这时，有个年纪大的考生指着那碟蒸咸鱼对他说："小朋友，听说你很聪明，咸鱼可是从来没有人用它来吟诗或者作对的，你来试试怎么样？"

众人呵呵大笑了起来，都想看梁启超的笑话。因为咸鱼虽然常见，却是粗鄙的东西，是难登诗词歌赋的大雅之堂的。

让大家想不到的是，梁启超朗声应对说："太公垂钓后，胶鬲举盐初。"

大家待了一会，细细品味这两句诗。"妙句！妙句

啊！你怎么这么快就想得出来？是抄哪个古人的？"有人好奇地问梁启超。

姜太公钓鱼的故事大家并不陌生，但对"胶鬲"这个人物了解得就不多了。原来，"胶鬲"是商朝纣王时的大臣。他遇到商纣之乱，就隐遁起来去贩卖盐，是历史上第一位盐商。将姜太公钓上来的"鱼"加上"胶鬲"的盐，合起来不就是"咸鱼"了吗？这样既风格典雅，又适当地运用典故的贴题诗句，怎么可能是眼前这个小孩能想得出来的？所以有人怀疑梁启超是抄来的。

梁启超急得满脸通红地辩解说："胶鬲的事迹是我从书中读到的，我没抄古人的诗，再说，写'咸鱼'诗，也没得抄啊！"

梁启超最怕别人说他说谎。6岁那年，梁启超因为一件事说了一次谎话，不久就被母亲知道了。晚饭过后，母亲叫他进入卧室，对他严加盘查。看着母亲严肃的脸，他刹那间不认识自己的母亲了。原来，他母亲的温良性格在乡里是闻名的，她整天含笑待人，现在忽然变脸，吓得他赶忙认错。母亲在确认梁启超是说谎后，勃然大怒，把他翻伏在自己的膝上，用鸡毛掸子狠狠地抽打他的屁股。这十几下"藤条焖猪肉"，让他终生牢记住母亲说的话："你以后再说谎，你将来就做窃贼，就做乞丐！"从此梁启超发誓不再说谎。

"我是不说谎的！"梁启超还一脸认真地在嘀咕。

"好啦！好啦！"一位年长的考生安慰梁启超，"我

们知道你没有说谎，也没有抄袭！不过这么好的诗句，也只有神童才能写得出来！来，小神童，吃咸鱼吧。再不吃就被人吃光了。哈哈哈……"

梁启超听了这话，咧着嘴笑了。

这次去广州考试，结果梁启超名落孙山了。在回程的船上，许多也没考上的考生都显得很沮丧，梁启超却显得很平静："一次失败，不等于永远失败啊！"他又想起之前自己吟诵过的"咸鱼"诗句。广东人说的"咸鱼"，是指死了的鱼。但广东人又有一句话叫作"咸鱼翻生"，即"重生"的意思。

"'咸鱼翻生'是多么好的形容词啊！"梁启超思考起来。在他读过的书中，里面很多伟大的人物都和眼前的大江一样，是习惯走曲折道路的。所以他不相信人生有"绝处"，"即使有绝处，也能重生，就像'咸鱼翻生'一样！"他坚信通过自己的努力，将来一定有金榜题名的时候。

果然，1884年梁启超卷土重来。他第二次到广州应考，就中了秀才，那年他才12岁，是名副其实的"童子秀才"。1885年，梁启超以秀才的资格，跨进了名噪一时的广州学海堂读书深造。5年苦读，梁启超年年大考都考第一。

看我上云梯

梁启超10岁那年跟父亲去秀才李兆镜家做客，李兆镜听说梁启超聪明过人，吟诗作对一点也难不倒他，便想考考他。

李兆镜随口说出上联："'推车出小陌'，你试试对一个，怎么样？"

"好啊！"梁启超立刻对上，"策马入长安。"

"好，好！"李兆镜连声赞好。他对梁启超的父亲说："你这个儿子真是了不得，你看，下联对得工整就算了，重要的是，联语中透露出不凡的志气啊！他将来一定是个做大官的人啊！"

梁启超自信地笑了。确实，像吟诗作对这些东西，在他眼中不过是小儿科。他从小就跟母亲识字，又跟做教师的祖父读书。到了六七岁时，他去拜私塾先生张乙星为师。有一次做功课，张老师用"东篱客赏陶潜菊"为上联，让他对下联，他脱口

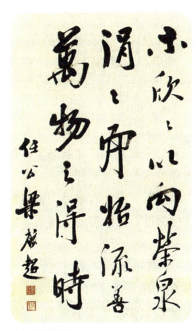
🔵 梁启超手迹

而出："南国人思召伯棠。"对得非常工整，让张老师十分满意。

一天，好动的梁启超在家里爬上竹梯玩耍，祖父怕他有危险，在下面望着他焦急地大叫："快下来，快下来！爬那么高会摔伤的……"

梁启超看见祖父急成那样子，竟又往上再攀一级，还冲口念出两句诗："有人在平地，看我上云梯。"

"上云梯"，是比喻科举高中，将来做大官的意思。祖父听到后，不由得开心大笑。

梁启超这种吟诗作对的能力非比寻常，长大后也为他赢得了许多声誉。

有一次，梁启超到江夏（今武汉）游玩，他抽空去拜访当时坐镇江夏的张之洞。时任湖广总督的张之洞也是著名的文史专家，为人相当傲慢。当时，张之洞还真有点瞧不起年轻的梁启超，便想用文人考文人最常用的对对联来为难他。

"听说你才学很好，我出个上联请你对对，听好了：'四水江第一，四时夏第二，先生居江夏，谁是第一，谁是第二？'"

"四水"，指长江、黄河、黑龙江和珠江；"四时"指春、夏、秋、冬；"先生"，指张之洞自己。他借地名"江夏"作比喻，以江南数一数二的学者自居。

梁启超一听，暗暗抽了一口冷气。这个张之洞果然是个老才子，他的这个上联出得十分巧妙，既暗藏了"江夏"的意思，又分明是说"我才是老大嘛"！要怎么对呢？恭维或者得罪张之洞的话都是不应该说的，要说得得体，难度的确不小。

梁启超稍加思索，立即对出下联："三教儒在先，三才人往后，小子本儒人，何敢在前，何敢在后！"

"三教"指儒、道、佛；"三才"指天、地、人；"小子"指梁启超自己。他对得十分工整，内容也不卑不亢。他的意思是"我不在你前，也不在你后"，分明就暗藏了"我与你平起平坐"的意思。

自命不凡的张之洞一看，嘴里没说什么，但心里却不得不叹服梁启超的才气不凡。从此，他对梁启超刮目相看。

"策马入长安""看我上云梯""小子本儒人"……梁启超怀着壮志、迎着时代的风雨走到了历史的前台。

敢于"师敌长技"

1898年，梁启超参加了著名的"戊戌变法"，变法失败后，他逃亡到日本，以躲避清朝的追杀。

1899年冬，梁启超漫步在东京的上野。这时正好是日本军营新兵入伍、老兵退役的交替时候。梁启超看到这些军人的亲友在迎送，满街红白相间的日本军旗连成一片。而最震撼他心魄的，还是那些为刚入伍的新兵题写的标语——"祈战死"。

梁启超非常感慨："中国历代的诗歌都在说从军的痛

苦，但日本的诗歌都在讲述从军的快乐。"日本人认为从军是国家行为，为国家而战，只有快乐而没有痛苦。这就是他们宣传起到的效果。梁启超觉得他们的宣传是成功的。

🔹 梁启超在写作

当时，在日本的报刊上，为配合军事行动，曾广泛开展了有奖征集歌词的活动，这当然是为日本对外扩张做宣传的。所以，对梁启超这些晚清的志士仁人来说，接触日本军歌必定是痛苦的经验。

"日本军队为什么经常能打败我们的军队？"这是很多中国人都在思考的问题。

梁启超的学生蔡锷经过研究，发现日本自明治维新以来，在学校对中小学生开展唱歌教育，虽然唱的不一定是军歌，但歌曲有潜移默化的功能，唱歌可以起到鼓舞人奋发的神奇效果。

当时在日本的广东诗人黄遵宪也意识到了日本人开展唱歌教育的作用，而这恰恰是中国的教育所欠缺的，他深受启发，决心补缺，当即创作了《军歌》二十四章。

梁启超初时只是得到黄遵宪《军歌》的四章，他大为兴奋，迫不及待地刊发在当年11月问世的《新小说》杂志创刊号上。

1905年，日本横滨大同学校（华侨学校）的学生准备演出新的戏剧，学生们请梁启超写剧本。梁启超心想：我国正在被外国列强瓜分，正需要用东汉名将班超投笔从戎、稳固边疆这样的伟大事迹来鼓舞中国的年轻人。所以，他写了一出名为《班定远平西域》的六幕剧。

演出那天，学生观众都十分兴奋。当看到第五幕《军谈》时，学生们的情绪全都上来了。在剧中汉朝的士兵唱过广东《龙舟歌》的新词，又在军乐队伴奏下高唱《从军乐》。

梁启超所作的歌词目的很明确，就是提倡尚武的精神。《从军乐》全篇十二章，其中就有这些句子：

从军乐，告国民：世界上，国并立，竞生存。献身护国谁无份？

好男儿，莫退让，发愿做军人。

从军乐，乐凯旋。华灯张，彩胜结，国旗悬。国门十里欢迎宴。

天自长，地自久，中国万斯年。

梁启超在歌词中有"父母妻子走相送"的描写，他们都是用"从军乐""沙场死"的豪言壮语激励自己的亲人为国捐躯。

这些军歌是梁启超"师敌长技"（指学习敌人的长处）的收获，他希望帮助中国军人确立为国战死的军队意志，使中国在强敌环伺、弱肉强食的危险困境中得以发愤

图强，反败为胜。

就是从逃亡日本这段时期起，梁启超发现从文化上唤醒国人是很重要的工作。所以，他非常重视办报刊，先后创办了《庸言》《大中华》等刊物，以唤醒国人的革命意识为己任。

广州学海堂

位于广州市越秀山麓（广州市第二中学内）。

清嘉庆二十五年（1820），两广总督阮元在广州城西的文澜书院设置讲堂，以经、史、古文为教程，并手书"学海堂"三字匾悬挂在文澜书院上，这就是学海堂教学的开始。数年之后，入学的士子逐渐

🔅 文澜书院内的碑石

增多，教学多有不便，阮元便计划另觅一地，专为学海堂所用，使学海堂能长久地办下去。

清道光四年（1824）九月，阮元命吴兰修、赵均等为董事，在越秀山修建学海堂。这年冬天，学海堂建成，阮元亲书匾额楹帖，刻挂在堂上。

这是一个以学习古代经史为宗旨的书院，从1824年创建至1897年最后一次招生，历经七十余年，培养出众多像梁启超这样的著名学者和惊世人才。作为旧式书院，学海堂书院在中国书院发展史上占有重要的地位。

潘达微："岭南奇男子"

辛亥革命的序曲——黄花岗起义失败后，革命的氛围持续低迷。这时，广州城内有一个襟怀磊落的书生挺身而出，为殉难的烈士收殓遗体。这位铁骨铮铮的革命家，同时也是一位成就卓越的艺术家，他就是有"岭南奇男子"之称的潘达微。

"扶乩"结画缘

1881年1月15日，潘达微出生在广州东圃镇棠东村。

潘达微的父亲潘文卿脸上闪过一丝开朗的微笑："是个男孩啊！好啊，长大了就跟我习武。"

潘文卿曾经是清朝的一品武官，解甲归田后在广州定居，是当时的社会名流，他希望潘达微将来子承父业。

潘达微渐渐长大。有一天，母亲跟父亲说起潘达微的未来："不知他长大后会成为怎么样的人呢？"

"跟我习武，将来保家卫国！"父亲自豪地答道。

"咦，习武？打打杀杀有什么好啊？"母亲跟父亲打起口水仗来了。

"我们别争了，让神仙来决定吧！"潘文卿遇到什么事，总喜欢通过"扶乩"来请示"神仙"，问个吉凶。

潘文卿搬来一个大沙盆，叫潘达微握着乩笔（一支竹筷子）在沙上随意画动。没想到，那支随手乱动的竹筷在沙面上画出了一幅"牡丹图"。

看到"牡丹图"，潘文卿有点失望，因为看来

潘达微（1881—1929），又名心微，字铁苍，号景吾、影吾等，广东番禺县鹿步司（今广州市天河区棠下街道）人，民主革命党人，同盟会会员

"神仙"喜欢他的儿子学文，而不喜欢他学武。

扶乩是道教的一种占卜方法，又称扶箕、扶鸾等。信徒通过这种方式与神灵沟通，以了解神灵的意思。潘文卿素来相信这种扶乩，他觉得不能违背神仙的指示，便自我安慰说："我这个儿子能画富贵图（牡丹花，又叫'富贵花'），看来是个大吉大利的兆头啊！"他打定主意，一定要请最好的画家来教潘达微学画画。

少年的潘达微身体并不好，多病的他显得很文弱，他不喜欢到处走动，却喜欢静静地躲在书房里看书。潘文卿花重金请来了知名画家吴英蓁来教潘达微学习国画。潘达

微聪明好学，到十五六岁时，他的国画技艺已经达到非常高的水平。

追随孙中山参加革命

"你整天画画，固然可以学得一种技能，但要靠它来谋生，终究不实际吧！"潘文卿看着潘达微一天天地长大，觉得他应该去做点实际的工作才是正路，"我出钱，让你学做生意吧！"

潘达微无奈地去跟人学习经商，但他确实对经商不感兴趣。

1893年，体弱多病的潘达微在求医时认识了孙中山。当时孙中山在广州行医，他的医术很好，很快就将潘达微的身体调理得很好了。

潘达微很感激孙中山。在平时的交往中，他受到了孙中山的民主革命思想影响，立志救国，义无反顾地追随孙中山。

不久，潘达微与好朋友史坚如一起参加了兴中会，开展革命活动。可父亲并不支持潘达微参加革命活动，1895年，潘达微便带着妻子陈伟庄离家出走，在广州海珠区龙导尾街租房子居住。孙中山得知后，就劝他要好好利用父亲的社会地位以及各方面的社会关系，以美术活动为掩护，宣传革命，与革命派人士密切联络。1896年，潘达微和陈伟庄在双门底承宣街（今北京路北段）开设了照相馆，开始与革命党人结交。

1905年，孙中山在法国邮船"加利都尼亚号"上会见了潘达微，指示他可以创办刊物，宣传革命。

潘达微觉得孙中山很有远见，革命需要宣传，只有通过舆论将需要革命的道理讲清楚，才能得到更多的民众支持："这种文斗的作用，一点也不比武斗小！我会写诗、画画，最适合做这项工作！"潘达微高兴地答应了下来。

孙中山很高兴，对潘达微说："你是我敬重和信赖的同志！"

在孙中山的鼓励下，潘达微以赞育善社的名义，筹款数千元，和陈垣、高剑父、陈树人、廖平子、黄鲁逸等人在广州创办《拒约画报》（后改名《时事画报》）。他在创办画报之时，针对当时中国人文化程度低的特点，向下层社会的人民进行启蒙教育，画报图文并茂，针砭时弊，鼓吹改革。他明确提出了"以革命思想入画"的口号，这在中国美术史上是一件破天荒的大事。他不仅倡立公学，组织医社，而且以笔为枪，在报纸上撰写大量针砭时弊的政论，《时事画报》成为当时广东舆论、思想乃至艺术界的一面旗帜，虽然出版约一年后被当局查禁，但仍在海内外有着巨大的影响。

1907年，同盟会在广州成立支会，高剑父、潘达微分别担任正、副会长。潘达微还与高剑父、陈树人共同创办陶瓷工厂，开设"美术瓷窑"，从事陶瓷工艺的改良工作。革命党人经常在厂里和他的家中秘密开会，潘达微与革命党人利用陶瓷厂作掩护，制火药、造炸弹，供起义军使用。1908年，潘达微与陈树人、邓慕韩等人在广州创办《平民报》，这是同盟会在广州的机关报。他还兼任《七十二行商报》的主笔，经常撰文抨击时弊，揭露清朝统治的黑暗。

收殓烈士遗骸

1911年，同盟会计划再在广州发动起义。

起义前夕，潘达微与战友在广州海珠区制造炸药，他们利用河南歧兴里培淑女校转运、储存武器和弹药。潘达微及妻子陈伟庄常常以探望亲友为名，并由妻子陈伟庄扮作新娘，用轿子偷运军火炸药进广州城，冒着生命危险送到革命党人的地下据点（现在的小东营一带）。

在起义的前夕，潘达微想亲自参加起义行动，黄兴派人劝他说："你是个才子，不是武夫，冲锋陷阵，不是你的特长。而且你已经在社会上站稳了脚跟，代民立言也不是易事，不宜轻易放弃。这次起义无论成功与否，都需要有报社仗义执言，你坚守报社阵地，对革命更加有利。"

潘达微觉得黄兴说的有理，便打消了上前线的念头。

1911年4月27日，革命党人在广州起义。副总指挥黄兴带领一百二十多人，臂缠白巾，手执枪械炸弹，吹响海螺，直扑总督衙门，决心生擒两广总督张鸣岐。

张鸣岐见情况危急，急忙越墙逃跑了。由于清兵人数众多，起义队伍又得不到接应，他们与清军展开了激烈巷战，经过一昼夜的激战，起义军攻占两广总督衙门的行动失败了，近百名勇士牺牲。起义烈士的遗骸分布在总督衙门前。起义者有的当场牺牲，有的被捕就义，有的被俘后被铁链绑扎杀害。从越秀山麓至双门底的各条街道上，殉难烈士暴尸街头。加上连日凄风苦雨，尸体膨胀，生虫发臭，惨不忍睹。广仁、方便、广济、爱育等善堂院奉命收尸。断头折臂、血肉模糊的烈士遗骸被堆放在咨议局门前的空地上，惨不忍睹。

当时，南海、番禺两县知事商议，打算将烈士埋葬在大东门外的臭岗。臭岗是一个专门埋死刑犯的地方，往往草草掩埋犯人的尸骨，臭气熏天，故名臭岗。烈士如果葬在这里，实在是对他们极大的侮辱。由于当时清政府正在追捕革命党人，慑于清政府的淫威，无人敢去收殓烈士的遗骸。

这时，潘达微挺身而出。他冒着清政府还在到处搜捕革命党人的危险，以《平民报》记者的身份，找到了好友江孔殷。江孔殷当时正担任两广清乡督办，在地方上很有势力。

当潘达微提出择地安葬烈士时，江孔殷立即明确表示愿意帮忙："请转告各善堂的董事，这事我可以帮忙，即使有事，我负全责！"

其实，江孔殷当时已经接到清政府的命令要加紧搜捕革命党人，但他却表面应付，暗地里支持潘达微。在江孔殷的鼎力支持下，潘达微和各位善堂的董事四处找寻合适的埋葬地。

终于，潘达微找到沙河的红花岗，这里青草白地，是一方净土，适宜殓葬烈士。

到了下葬的那一天，潘达微起了个大早，他的妻子偷偷将一块白布缝在他的衣服里面，以寄托哀思，并交给他一些辟秽气的药丸。

当日烈士灵柩送去安葬时，微雨霏霏，天公也似在哭泣。潘达微静静地跟在送葬的队伍后面，挥泪凭吊。市民也担心清政府镇压，都不敢相送，只是远远地凝望，许多人都止不住流下了热泪。

抵达红花岗后，看见棺木都是用薄木板造的，潘达微请人用较好的棺木盛殓。后来，他又发现墓穴挖得不够

❹ 历史照片中的黄花岗七十二烈士墓

深，又加钱给工人掘土深挖后才下葬。潘达微一直在现场指挥，负责逐一清点、辨认和登记，总共殓葬了72位死难烈士的遗骸。

事后，潘达微认为"黄花"二字比"红花"更优美。黄花即菊花，历来象征正义的气节。他在报纸上写文章将红花岗改名为黄花岗，从此，广州起义也被称为"黄花岗起义"。

中华民国成立（1912）后，潘达微呼吁要公祭黄花岗起义烈士及修建黄花岗七十二烈士墓园。这年5月15日，广州各界群众首次公祭黄花岗起义烈士，公祭仪式由孙中山主持。1918年，潘达微亲自主持黄花岗七十二烈士墓园的修建，历时三年而成。

《时事画报》

1905年9月，《时事画报》在广州创刊，由高卓廷主办，潘达微、高剑父、何剑士、陈垣等编撰，以"开通群智，振发精神"为宗旨。内容以图

◆ 1908年1月《时事画报》的报道内容

画纪事为主，论事次之。内容大胆揭露帝国主义对中国的侵略，抨击时政，颂扬革命。1907年被迫停刊，次年曾一度复刊，不久再度停刊。1911年7月改名为《平民画报》。

冯如："中国航空之父"

1909年，一位中国留学生，在美国的大地上设计、制造和驾驶了中国历史上的第一架飞机，开启了中国人征服天空的奇迹大门。这个中国留学生，就是有"中国航空之父"之称的冯如。

爱上"雷震子"

"啪"的一响，冯树仪老师的戒尺在书桌上拍得山响了。正在念《论语》的学生本来已经念得昏昏欲睡，猛地听到这震耳欲聋的声音，个个霎时龙精虎猛起来。因为他们知道，冯老师又要开坛"讲古"（指讲故事）了。

冯如8岁时，才在邻村的莲塘恩举书馆读书，由冯树仪老师教《三字经》《论语》《孟子》等启蒙课本，还有珠算、信札等生活常识。看见学生们读书读得累了，冯老师喜欢给他们讲一些《三国演义》《封神演义》等小说中的片段，让他们提提神。

"今日，我给大家讲一段《封神演义》中辛环和雷震子在空中大战的故事……"平时举止温文的冯老师这时也变得像个小顽童了，脸上闪过一丝开朗的微笑。

🛩 冯如（1883—1912），原名冯九如，广东恩平人。中国近代航空事业的创始人。是中国最早从事飞机研制、设计、制造之人，被美国人誉为"东方的莱特"

"雷震子！空中大战！"这可是很吸引人的故事呢，学生们叽叽喳喳，一个个向前倾着上身，等待冯老师开口。

"话说雷震子是《封神演义》里面的一个神奇角色，他'面如青靛，发似朱砂，眼睛暴湛，牙齿横生，出于唇外'；身躯长有二丈，使用一条黄金棍，是文王姬昌第一百子，云中子的弟子，为武王伐纣立下赫赫战功……"冯老师开始讲古了。

"冯老师，什么叫作'眼睛暴湛'？"一个同学突然发问。

"我都说过讲古就不要驳古（指对故事提出疑问）啦！"正讲到兴致上的冯老师被人打断话锋，有点不高兴了。

冯如伸出手拉了拉那位发问的同学的衣服，悄声地对他说："湛，就是形容水深的样子。'眼睛暴湛'，就是形容雷震子的眼眶很深的样子。"

冯如的悄悄话被冯老师听到了，这次他倒没责备冯如。在他的眼里，冯如虽然出身贫寒，但聪明伶俐，读书成绩很好。他很喜欢这个学生，于是接口道："冯如说得对，书上这么写，就是要突出'奇人多异相'的特点，才会吸引读者去看！"

冯老师继续讲开了，原来，雷震子是哪吒的伙伴。他出身平民，在经历多次磨难之后，成为一个持重、威严的大将。他有一双大翅膀，会飞，能扇火⋯⋯

"冯老师，请问有一双大翅膀会飞的雷震子和脚踏风火轮的哪吒哪个飞得更快些？他们谁在空中停留得更久些呢？"冯如突然发问了。

"这个，这个⋯⋯"冯老师一急，竟然忘了责备冯如的"驳古"。因为冯如问的问题别说他不清楚，估计连《封神演义》的作者也搞不清楚呢。他含含糊糊地说："你们也不必认真，这些都是神话故事。他们是神，如果他们是人，怎么能飞呢？"

经冯如这么一问，冯老师也没了讲古的兴致了，说："放学吧！"

放学后，冯如在回家的路上还在嘀咕："要是人，能不能在天上飞呢？"他停住脚步，抬头看着天上的白云在发呆，没想到挡了一位挑着担子的农民的路。

那位农民显然听到了冯如"要是人，能不能在天上飞呢"的自言自语，便讪笑他："人怎么能飞上天？真是少年不智，语无伦次。"

跟在他们后面的冯老师听到农民这么说冯如，于是便摇头晃脑地说："道焰十丈，不敌童心一车啊（指道理再多，有时也不及儿童的想象力厉害）！我们大人不应该看轻小孩子的想象力！"

等两位大人走后，冯如还在田埂上看自由自在飘浮的白云，心里在想："我要是雷震子就好了，可以在天上陪着白云到处飞！"

"飞"上蓝天

秋收过后的一天，冯如蹲在家门口忙活。他的面前是一大堆竹条和坚韧的油纸、麻绳……

"你在干吗？"有个要好的朋友问冯如。

"我要做大大的风筝！"冯如边说边用刀将一根竹条削薄。

以前他们都做过风筝，但那都是用很短、很薄的竹篾条来做风筝的"骨干"，在起风的日子里，用手中的线一拉，风筝就会飞到半空中……好朋友看看冯如今天的架势，好像不是做小小的风筝那么简单。"今天你做的风筝有多大？"他问冯如。

"我要制作一只椭圆形的大型风筝，并在两边分别悬挂一个小木桶……"冯如比画着解释说。

"哇，行不行啊？"好朋友惊叫起来了。

"不知道行不行，试试呗！"冯如自信地说。

大风筝做好了，在好朋友的帮助下，冯如扛着大风筝和两个小木桶来到了田头。

秋收后的田野像缸底的一张薄纸那样没有什么高度，一片一片连接起来的田地显得非常开阔，"这样开阔的场地，足够我拉着绳子跑起来。"冯如观察着周围的环境。他明白，只要有风，自己又有很快的速度，是有可能拉起这只大风筝的。

这时，蔚蓝的天空没有一丝白云，秋风渐起，放在地上的风筝的尾巴也被风吹得簌簌作响。

"好，风起了，我们试试吧！"冯如对好朋友说。

好朋友在远处用力举起了那只大风筝。大风筝的翼端呈椭圆形，分别挂着一个小木桶。冯如拉起了那根麻绳，作势要跑了，他大声地喊叫道："一、二、三——放！"

在冯如说"放"的那一瞬间，他的那位好朋友双手尽力往上一举，放开了大风筝，冯如也拉着绳子撒开脚丫在田地里狂奔。他张开口，畅饮着路上的凉爽空气。渐渐地，他发现自己手中的绳子由原先的平线变成了向上扬的斜线！他回头一看，呵，那只大风筝飞起来了！

"哇！"在一旁围观的村民纷纷抬头惊叹，他们眼见为实：在秋日高爽的天空里，有一只大风筝正兜着秋风，在负重的情况下飞到了近百米的高度！"这两个小木桶加

起来应该比一个小孩子还重啊！"

大风筝的试飞成功了！一时成为乡间的奇闻。但冯如却记住了村民说的那句话："两个小木桶加起来应该比一个小孩子还重啊！"

他在想：如果绳子拉动的速度再快些，做风筝的材料再坚固些，在风力足够的条件下，风筝完全有可能载上人在天上飞啊！

冯如12岁那年，厄运向他们家袭来，由于无钱求医，冯如的四个哥哥相继病逝，冯如也因家中无钱，只好中途辍学，帮助父亲务农。

在美国旧金山做小生意的舅舅回家探亲，见到冯如一家生活困苦，就想把冯如带到美国去谋生。

冯如的父母得知这个消息后，极力反对。母亲抹着眼泪对他说："怎么忍心让小小年纪的你离开我呢？"

父母的心思，冯如是明白的，但是，他常听人说，大洋彼岸的美国科学进步，那里有许多在中国见不到的新奇东西。

舅舅知道冯如平时喜欢动手搞些小制作，像用竹材扎风筝、用火柴盒等东西制作车船模型，还曾利用虹吸现象用管子往自家的稻田里注水……"我看他聪明伶俐，如果一生都憋在乡下，又没书读，会毁了他的才能！"舅舅发话了。

母亲一听自己这个儿子有可能毁在乡下，也慌了，纵然万般不舍，但还是抹着眼泪说："男儿口大食四方！我也不希望你一辈子守在家里，希望你出去学门手艺，将来有个好的前途。"

东方的莱特

1894年，冯如踏上通往美国的航程，不久即到达美国的西部城市旧金山，开始了新的生活。那一年，他只有12岁。旧金山是美国西部重要的金融中心和贸易港口，人口众多，工业发达，工厂星罗棋布，高耸的烟囱比比皆是。冯如见到这一切，逐渐明白了为什么西方国家可以欺辱我们，原来他们的工业发达，用机器生产使国家发达了起来。"如果我们也借助机器，使中国富强，岂不是可以改变中国的贫穷落后的面貌？"他想。于是，他下决心学习技术，用科技救中国。他白天当勤杂工，晚上读机械学。苦心钻研数年，他终于精通36种机械原理，发明了抽水机、打桩机，制成了性能优良的无线电收发报机。

"拥有制空权，就能在未来的战争中取得主动。"有超前意识的冯如看到了飞机的前景。"我要做出中国第一架飞机！飞机造不成，誓不回国！""飞天"是冯如天真未凿时的梦想，现在已经成为年轻科学家的他亦从来没有放弃过这个梦想。

不过，这时冯如口中的飞机，并不是他小时候放飞的那种风筝，而是带有动力载人飞行功能的飞机！冯如当然知道，德国、英国、美国的科学家都在争分夺秒地研究飞机，虽然他们很多都以失败告终，但也有美国人莱特兄弟在1903年成功试飞了他们的"飞行者一号"。

1906年，有一天，冯如对助手朱竹泉说："日俄战事大不利于祖国，当此竞争时代，飞机为军事上万不可缺之物。与其制一战舰，费数百万之金钱，何不将此款以造数百只之飞机，价廉工省。倘得千只飞机分守中国港口，内地可保无虞。"

朱竹泉点点头，他觉得冯如说得很有道理。

那时候，日俄战争刚刚结束。"他们将我国的东北大地作为战场，而我们的国家却无所作为！"冯如对此很痛心。

1907年，冯如得到当地华侨的赞助，在旧金山以东的奥克兰设立飞机制造厂，1909年正式成立飞行器公司，冯如任总工程师。公司在当年便开始制造飞机。

1909年9月21日的黄昏，奥克兰附近的一个圆形山丘旁边停着一架飞机。它就是冯如精心制造出来的中国第一架飞机，他将它命名为"冯如一号"。

坐在飞机上，冯如脸色严峻，在检查完所有设备都"正常"后，他发动飞机了。发闷的引擎声震荡着在场见证历史一刻的美国《旧金山考察者报》记者和冯如的助手们。"冯如一号"的机身开始启动了，机前巨大的螺旋桨猛烈地旋转着，冯如再加油，突然，飞机嗷嗷直叫，像打了个响嗝，终于上路了！向前冲了一段路后，它居然离开了地面，迎着强风在空中飞行！

飞机起飞后飞行了800米，显示了"冯如一号"具有良好的飞行性能。可是，它在离地约5米处准备做一次转弯时，螺旋桨突然停转，飞机摔在地面。冯如被摔出飞机外，幸好没有受伤。造成事故的原因，是螺旋桨桨轴螺丝拧得太紧，致使桨根断裂。

虽然这次飞行只有短短的800米，却为中国动力载人飞行史谱写了光辉的第一页！《旧金山考察者报》在头版显著位置刊登了冯如的大照片，赞誉他是"东方的莱特"。

中国首创飞行大家

1910年7月，冯如又制作了第二架飞机——"冯如二号"。

10月至12月，冯如驾驶它在奥克兰进行飞行表演，大获成功，并受到孙中山先生和旅美华侨的赞许，同时获得美国国际航空学会颁发的甲等飞行员证书。

1911年2月，冯如带着公司人员、机械设备和造好的飞机回到了祖国。

1911年10月10日，武昌起义爆发，全国沸腾。11月9日，广州光复，广东革命政府成立，冯如率领助手参加革命。冯如之所以走上革命道路，除了他的爱国思想和受革命风暴的激励外，主要是因为他对腐败的清朝政府彻底失望了，认识到他的航空救国主张和发展中国航空工业的抱负只有"入民国后或可实行之"。

　　参加革命后，冯如被任命为"广东革命政府飞机长"，成为中国第一个飞机长。他立即

🔹 冯如与"冯如二号"飞机

在广州燕塘建立广东飞行器公司，这是中国国内的第一间飞机制造厂。当时清廷尚在北京苟延残喘，冯如加紧制造飞机，供军队北上参战，去推翻清王朝。经过三个月的努力，在1912年3月，他制成了一架与"冯如二号"相似的飞机，这也是中国国内制成的第一架飞机，翻开了中国航空工业史上的第一页。

　　1912年8月25日，冯如在广州燕塘的机场公开进行飞行表演。冯如先向到场的各界人士介绍情况，包括飞机如何利用、如何制造、如何驾驶等内容。接着，冯如驾驶自制的飞机凌空而上，飞行高度约为36米，向东南方向飞行了约8公里。当时飞机运转正常，操纵自如，观众鼓掌之声不绝于耳。但冯如急于升高飞机，操纵过猛，致使飞机失速坠地，机毁人伤。冯如被送到医院，但抢救无效，以身殉国。

在弥留之际，冯如勉励助手说："不要因为我的死亡而放弃飞机的研究，牺牲是科学研究的代价之一。"

年仅29岁的冯如是带着尊严离开人世的。冯如的遗体安葬在广州黄花岗，时人立碑纪念，尊其为"中国首创飞行大家"。

🛩 纪念冯如的展览